Manfred Mai
1 – 2 – 3 Minutengeschichten
zum Kuscheln

Manfred Mai

Mit Bildern
von Gabie Hilgert

Ravensburger Buchverlag

Die Deutsche Bibliothek – CIP-Einheitsaufnahme

Mai, Manfred:
1 – 2 – 3 Minutengeschichten zum Kuscheln / Manfred Mai.
Mit Bildern von Gabie Hilgert. –
Ravensburg: Ravensburger Buchverl., 1997
ISBN 3-473-34257-2

Die Schreibweise entspricht den Regeln
der neuen Rechtschreibung.

3   2   1   97 98 99

© 1997 Ravensburger Buchverlag
Umschlag: Gabie Hilgert
Redaktion: Denise Strauss
Gesamtherstellung: Appl, Wemding
Printed in Germany
ISBN 3-473-34257-2

Inhalt

Nicht verraten

Ein schöner Herbsttag ist zu Ende. Mama und Marlene sitzen auf dem Balkon und betrachten den Sternenhimmel.

„Wie viel Sterne gibt es?", fragt Marlene.

„Das weiß niemand", antwortet Mama.

„Ich möchte so gern mal einen Stern berühren", sagt Marlene. „Nur einmal."

Mama lächelt. „Ich auch. Aber leider sind sie alle viel zu weit weg."

„Schade."

Mama streichelt ihre Tochter zärtlich und flüstert ihr ins Ohr: „Du, Mausilein, es ist Zeit fürs Bett."

„Nur noch ein kleines Weilchen", bittet Marlene. „Die Sterne sind so schön."

Bevor Mama etwas sagen kann, ruft Marlene: „Schau mal dort!" Sie zeigt auf einen hellen Punkt, der vom Himmel fällt.

„Das ist eine Sternschnuppe", sagt Mama. „Jetzt musst du dir schnell etwas wünschen! Du darfst den Wunsch aber niemand verraten, sonst geht er nicht in Erfüllung."

Beide starren wie gebannt nach oben, bis der helle Punkt nicht mehr zu sehen ist.

„Hast du dir etwas gewünscht?", möchte Mama wissen.

Marlene nickt.

Mama schmunzelt. „Weißt du, was ich mir gewünscht habe? Dass du gleich ins Bett gehst."

„Aber Mama", sagt Marlene und grinst. „Jetzt geht dein Wunsch natürlich nicht in Erfüllung."

Kleine Verwechslung

Heute ist ein schöner Frühlingstag. Mama liegt im Liege-
stuhl im Garten und genießt die warme Sonne. Hannes
baut in seinem Sandkasten eine Burg mit Wassergraben.
Das Wasser dazu will er aus der alten Wanne holen, in der
sie Regenwasser sammeln. Als er mit seiner Gießkanne
um die Hausecke biegt, stehen zwei Löwen an der Wanne.
„Mama!", ruft Hannes. „Bei der Wanne sind zwei Löwen!"
Weil Mama döst, versteht sie Möwen statt Löwen. Im
Halbschlaf murmelt sie: „Vielleicht haben sie Hunger. Hol
ihnen doch etwas zu essen!"
Hannes lässt seine Gießkanne fallen und läuft ins Haus. In
der Küche öffnet er den Kühlschrank und findet zwei
Schnitzel. Die schnappt er, läuft wieder hinaus und wirft
jedem Löwen ein Schnitzel vor die Füße. Schneller als er
gucken kann, haben beide ihr Schnitzel verschlungen.
Sie lecken sich die Schnauze und gucken Hannes an, als
wollten sie gern noch ein Schnitzel.
Hannes geht langsam zurück. „Mama, ich glaube, die
Löwen haben noch mehr Hunger", sagt er.
„Im Brotfach liegt noch ein Brötchen von gestern", murmelt
Mama, „das kannst du ihnen geben."
„Ich glaube nicht, dass sie Brötchen mögen", meint Hannes.
„Sie wollen lieber Fleisch."
„Fleisch?", fragt Mama. „Ich habe noch nie gehört, dass
Möwen Fleisch essen."
„Möwen?", fragt jetzt Hannes. „Hier sind keine Möwen,
sondern Löwen!"

„Red keinen Unsinn, Hänschen", sagt Mama und schließt
die Augen wieder.

Da kommen die Löwen um die Ecke, reiben ihre Köpfe
wie Katzen an Hannes' Beinen und lecken seine Hände, die
noch nach Fleisch riechen, ab.

„Ist schon gut", sagt Hannes. „Legt euch hin, ich hole euch
noch mal etwas zu essen."

Die Löwen schnurren zufrieden und legen sich hin. Mama
hört das Schnurren und schlägt die Augen auf. Sie sieht
ihren Sohn zwischen zwei Löwen stehen.

„Was ich schon wieder so alles zusammenträume", murmelt sie schlaftrunken.

9

In der Sonne

Der Fuchs liegt vor seinem Bau und lässt sich die Sonne auf den Pelz scheinen. Da kommt ein Bär des Weges und bleibt vor dem Fuchs stehen. Der blinzelt nach oben.

„He, Meister Petz, geh mir aus der Sonne!"

„Die Sonne gehört nicht dir", brummt der Bär.

„Das hab ich ja gar nicht behauptet", sagt der Fuchs. „Aber wenn du nur zwei kleine Schritte zur Seite gehst, scheint die Sonne auf uns beide."

Der Bär macht zwei Schritte nach links.

„Danke", sagt der Fuchs.

Die beiden unterhalten sich eine Weile über dies und das, bis sich der Fuchs erneut beschwert: „Jetzt stehst du mir schon wieder in der Sonne."

„Das kann nicht sein", widerspricht der Bär. „Ich habe mich nicht von der Stelle gerührt."

„Hast du doch!"

„Hab ich nicht!"

„Hast du doch!"

Die beiden streiten so lange, bis die Sonne den Fuchs wieder bescheint.

„Na also", sagt er zufrieden. „Warum nicht gleich so?"

„Ich stehe immer noch am gleichen Platz", brummt der Bär und wundert sich, wieso der Fuchs trotzdem wieder in der Sonne liegt.

Kleiner bunter Vogel

Es war einmal ein Land, in dem viele reiche Leute lebten.
Sie fuhren teure Autos und wohnten in großen Häusern mit
großen Zimmern für alle. Weil die Leute immer sehr
beschäftigt waren, hatten sie nicht viel Zeit füreinander.
Hin und wieder wurden zwar mal ein paar Worte gewech-
selt, aber ansonsten gingen alle ihre eigenen Wege.
Die Kinder wuchsen heran, verlernten ziemlich bald das
Schmusen, Kuscheln, Helfen und Trösten. Dafür lernten sie
viele andere Dinge, zu Hause und in der Schule: lesen,
rechnen, schreiben, sich anständig benehmen, gehorchen,
auf den eigenen Vorteil bedacht sein, andere austricksen
und für seine Zwecke benützen.
Die Jugendlichen unterschieden sich kaum noch von ihren
Eltern. Was um sie herum und in der Welt passierte, war
ihnen ziemlich gleichgültig. Sie sahen nicht, wenn jemand
traurig war. Sie merkten nicht, wenn jemand Hilfe
brauchte. Sie dachten nur an sich und ihr eigenes Wohl-
ergehen.
So lebten alle nebeneinander, kümmerten sich nicht
umeinander und waren weder glücklich noch unglücklich.
Eines Tages kam ein kleiner bunter Vogel aus einem fernen
Land angeflogen und landete mitten in einem Kindergarten. Er sah sich um und wunderte sich, dass die meisten
Kinder alleine spielten. Nur auf einer Wippe saßen zwei
Mädchen und wippten miteinander. Der Vogel freute sich
und schaute ihnen eine Weile zu. Da erkannte er, dass
beide zwar auf einer Wippe saßen, aber nicht wirklich mit-

einander wippten. Sie benützten einander nur, damit sie selbst wippen konnten. Was das andere Mädchen dabei dachte und fühlte, war beiden gleichgültig.

Der Vogel flog einem der Mädchen auf die Schulter, wippte mit und rief: „Ui, wie das kitzelt!"

Das Mädchen sah ihn verwundert an.

„Wie heißt du denn?", fragte der Vogel.

„Carmen."

„Und deine Freundin?"

„Meine was?"

„Deine Freundin", wiederholte der Vogel, weil er dachte, Carmen hätte ihn nicht verstanden.

„Was ist das, eine Freundin?"

„Das weißt du nicht?", sagte der Vogel, sah Carmen an, sah all die allein spielenden Kinder und schüttelte den Kopf.

„Langsam wird mir einiges klar", murmelte er und überlegte, was er tun könnte.

„Wie heißt denn das Mädchen, mit dem du gerade wippst?"

„Christina."

„Das ist ein schöner Name, findest du nicht?"

Carmen zog die Schultern hoch.

„Uiii!", rief der Vogel wieder. „Das kitzelt so schön." Dann flüsterte er Carmen ins Ohr: „Komm, wir wippen mal so fest, dass es Christina ganz doll im Bauch kitzelt."

Carmen schien nicht richtig zu begreifen, was der Vogel meinte. Doch dann stieß sie sich mit den Füßen kräftig vom Boden ab. Christina sauste nach unten, riss den Mund auf, fing den Schwung ab und stieß sich sofort wieder hoch. So ging das ein paar Mal auf und ab.

„Siehst du, wie Christina lacht", sagte der Vogel. „Bestimmt kitzelt es sie jetzt im Bauch genauso doll wie dich und mich. Ist das nicht schön?"

„Doch", sagte Carmen ein wenig verwirrt. „Aber ich weiß nicht …"

„Jetzt machen wir uns mal so schwer", unterbrach der Vogel Carmen, „dass wir Christina oben halten können. Meinst du, das schaffen wir?"

„Wir können es ja versuchen."

„Also los!"

Und tatsächlich, sie schafften es.

„Hilfe!", rief Christina. „Lasst mich wieder runter!" Dabei zappelte sie mit den Füßen und lachte.

Auch Carmen musste lachen. „Wie ist es denn da oben?", fragte sie.

„Kalt, eiskalt", antwortete Christina, fing an zu bibbern und klapperte mit den Zähnen.

„Ich muss der armen Christina unbedingt helfen, sonst erfriert sie noch", sagte der Vogel und flog Christina auf die Schulter.

Da senkte sich die Wippe mit Christina und Carmen schwebte langsam nach oben. „Hier ist es ja gar nicht kalt", rief sie nach unten. „Hier ist es schön warm."

„Dann können wir dich ja oben lassen", sagte Christina lachend.

„Ich habe nichts dagegen", antwortete Carmen, schloss die Augen und tat so, als ob sie sich sonnen würde.

„Du bekommst ja einen Sonnenbrand", sagte Christina nach einer Weile. „Wir lassen dich lieber wieder runter."

„Schade."

Der Vogel flog hoch und setzte sich auf einen Baum. Carmen und Christina erzählten den anderen Kindern von dem kleinen bunten Vogel, und wie toll das Wippen jetzt sei. Zuerst glaubten die Kinder ihnen nicht. Doch als sie sahen, wie Christina und Carmen miteinander wippten, wie sie dabei lachten, wie ihre Augen strahlten, wie sie jauchzten, da hatten alle Kinder nur noch den einen Wunsch: genauso wippen zu können. Es gab ein richtiges Gedränge. Alle wollten mit Carmen oder Christina wippen,

weil sie dachten, es ginge nur mit den beiden. Aber sie
merkten schnell, dass es auch mit den anderen klappte.
Und nicht nur das, auch beim Seilhüpfen, beim Balancieren,
beim Klettern, beim Rennen und im Sandkasten war es
möglich, miteinander zu spielen, sich mit anderen zu
freuen. Und es war schöner als alles, was sie bisher getan
und erlebt hatten.
Der kleine bunte Vogel aber flog weiter, von Kindergarten
zu Kindergarten, von Spielplatz zu Spielplatz, von Schule
zu Schule. Überall hinterließ er strahlende Kinder, die miteinander spielen, lachen, singen, tanzen, kuscheln und
schmusen konnten.
Und das taten sie auch, egal was die Erwachsenen dazu
sagten.

Ein halber Trick

Es war einmal ein großer Zauberer, der hatte einen Sohn. Der große Zauberer hieß Simsalo, sein Sohn hieß Simsalino. Und jeden Abend, wenn der Vater auf der Bühne tolle Zaubertricks vorführte, stand sein Sohn hinter einem Vorhang und schaute zu. Wenn die Zuschauer dann begeistert Beifall klatschten, wünschte sich der kleine Simsalino, er würde vorne stehen und den Beifall bekommen. Deswegen bat er seinen Vater jeden Abend nach der Vorstellung: „Lass mich doch auch mal zaubern, Papa, bitte, bitte!"
„Du bist noch viel zu jung, um vor Publikum aufzutreten", sagte der große Simsalo jedes Mal.
„Stimmt ja gar nicht", entgegnete Simsalino. „Ich kann schon richtig zaubern."
„Vor deinen Freunden vielleicht und auf Kindergeburtstagen, aber nicht auf einer Bühne vor Publikum." Damit war das Thema für ihn erledigt.
Aber nicht für Simsalino. Der lernte und übte und übte und lernte, bis er viele Zaubertricks beherrschte. Trotzdem erlaubte ihm sein Vater nicht, vor dem Publikum auf der Bühne zu zaubern. Da trat Simsalino eines Abends während der Vorstellung hinter dem Vorhang hervor, stellte sich neben seinen Vater und verbeugte sich. Die Leute dachten, das gehöre zum Programm und klatschten.
„Was willst du hier?", zischte der große Simsalo zwischen den Zähnen.
„Zaubern", antwortete der kleine Simsalino und verbeugte sich noch einmal.

17

„Na warte!", drohte der Vater. Aber damit die Leute nichts merkten, tat er freundlich und sagte: „Darf ich Ihnen meinen Sohn vorstellen, den kleinen Simsalino." Er zeigte mit der Hand auf seinen Sohn. Der verbeugte sich zum dritten Mal, und wieder klatschten die Leute.

„Mein Sohn möchte unbedingt Zauberer werden", fuhr der große Simsalo fort. „Erlauben Sie ihm, dass er Ihnen ein kleines Zauberkunststück vorführt?"

Der Beifall beantwortete die Frage.

Der große Simsalo trat neben seinen Sohn und flüsterte ihm ins Ohr: „Wehe, du blamierst mich, dann kannst du was erleben!"

„Keine Angst", sagte Simsalino, holte seinen Zauberstab aus der Tasche und murmelte einen Zauberspruch:

„Simsalu und Simsalo,
einmal klappt es sowieso.
Hurzi, Schnurzi, Krötenbein,
der große Simsalo wird klein!"

Gleichzeitig tippte er seinem Vater mit dem Zauberstab auf die Nasenspitze – und schwupp war der große Simsalo so klein wie ein Daumen.

Einen Augenblick lang herrschte atemlose Stille. Dann klatschten die Leute begeistert Beifall.

„Bravo! Bravo!", wurde gerufen.

„Was soll das?", rief der winzigkleine große Simsalo zum riesengroßen kleinen Simsalino hinauf. „Mach mich sofort wieder groß!"

„Geht nicht", sagte er. „Ich habe bisher nur gelernt, jemanden klein zu zaubern. Aber das hat doch prima geklappt
und ich habe dich nicht blamiert. Das musst du zugeben."

Nicht so gemeint

Robert kommt mit seinen Eltern aus dem Supermarkt. Auf dem Parkplatz treffen sie einen Arbeitskollegen von Papa. Die Erwachsenen begrüßen sich und reden kurz miteinander.

Dann beugt sich Papas Kollege zu Robert hinunter und fragt: „Na, Robert, was gibt's Neues in der Schule?"

Robert zuckt mit den Schultern. „Nichts."

„Und sonst?"

„Auch nichts", antwortet Papa für Robert. „Er will einfach nicht wachsen."

Da ist er wieder, dieser Satz, der Robert so nervt. Als ob er etwas dafür könnte, dass er so klein ist.

„Wir waren sogar schon beim Arzt mit Robert", sagt Mama. „Aber der kann uns auch nicht helfen."

„Ach was, das wird schon noch", meint Papas Arbeitskollege und geht weiter. „Tschüss zusammen!"

„Tschüss!"

Sie gehen zu ihrem Wagen, steigen ein und fahren nach Hause. Vor dem Garten kommt ihnen eine Bekannte von Mama entgegen.

„Hallo!", sagt sie. „Lange nicht gesehen. Wie geht's euch denn?"

„Ach ja, wie es halt so geht", antwortet Mama.

Ihre Bekannte schaut Robert von oben bis unten an. „Bist du nicht schon sieben?" Mehr fragt sie nicht, aber alle wissen, was sie mit dieser Frage eigentlich meint: Bist du nicht ein bisschen klein für dein Alter?

Mama nickt. „Tja, das ist ein Problem, er will einfach nicht wachsen."

„Doch!", ruft Robert und stampft mit dem Fuß auf den Boden.

„Was doch?", fragt Mama erstaunt.

„Ihr sagt immer, dass ich nicht wachsen will. Das finde ich dumm und gemein, weil es ja gar nicht stimmt!" Robert ist nicht mehr zu bremsen. „Ich will ja wachsen, aber es geht nicht, auch wenn ich mich noch so sehr anstrenge." Er drückt, reckt und streckt sich. Dabei bekommt er einen ganz roten Kopf. „Seht ihr", schreit er, „ich kann mich anstrengen so viel ich will, deswegen wachse ich keinen Millimeter."

„Aber Robert", murmelt Mama fassungslos, „so haben wir das doch nicht gemeint."

„Warum sagt ihr es dann immer?"

„Das … das ist nur so eine Redensart", antwortet Papa.

„Dann ist es aber eine dumme Redensart", sagt Robert und läuft wütend zum Haus.

Die Zauberstimme

An einem wunderschönen Frühlingsmorgen lief ein
schwarzer Hund durch die Stadt und näherte sich dem
Park. Dort begrüßten gerade die Vögel den neuen Tag
mit ihrem Gesang.
Der schwarze Hund lief durch das Eingangstor, schnup-
perte sich durch den Park, hob da und dort ein Bein.
Von der anderen Seite kam eine schwarze Katze in den
Park. Sie putzte sich, schaute nach den Vögeln in den
Bäumen – und stand plötzlich dem schwarzen Hund
gegenüber. Der knurrte und zeigte seine scharfen Zähne.
Die schwarze Katze machte einen Buckel und zeigte dem
Hund laut fauchend ihre Zähne. Die Vögel erschraken über
das Geknurre und Gefauche und verstummten.

Hund und Katze standen sich drohend gegenüber und
ließen sich nicht aus den Augen. Da kam ein Vogel angeflogen, landete genau zwischen den beiden und zwitscherte
los. Sofort duckte sich die schwarze Katze und setzte zum
Sprung an. Der schwarze Hund bellte laut. Doch der Vogel
blieb sitzen, zwitscherte und tirilierte, dass es eine wahre
Freude war.
Das Knurren des schwarzen Hundes wurde leiser und
verstummte schließlich ganz, ebenso das Fauchen der
schwarzen Katze. Und es dauerte nicht lange, da saßen
Hund und Katze im Gras und lauschten dem Vogelgesang.
Irgendwann flog der Vogel davon. Der schwarze Hund und
die schwarze Katze blieben sitzen. Er knurrte nicht mehr,
sie fauchte nicht mehr. Und die Vögel begannen wieder zu
zwitschern.

Ob das wohl stimmt?

Ein paar Mädchen und Jungen aus der ersten Klasse stehen auf dem Schulhof und erzählen von ihren Tieren.

Sebastian hat einen Hund, Nazrim eine Katze, Johanna ein Zwergkaninchen, Sina zwei Meerschweinchen, Martin drei weiße Mäuse und einen Vogel.

„Ich habe einen schönen Papagei, der sogar richtig sprechen kann", sagt Simone.

„Seit wann?", fragt Martin.

„Seit zwei Wochen."

„Den möchte ich mal sehen", sagt Sebastian. „Ich habe noch nie einen sprechenden Papagei gesehen."

„Ich auch nicht", sagt Nazrim. „Zeigst du uns deinen Papagei nach der Schule?"

„Das geht nicht", anwortet Simone. „Er ist nämlich sehr scheu. Wenn Fremde da sind, spricht er nicht."

„Wir können uns ja verstecken", meint Johanna.

„Das merkt er."

„Wenn du uns den blöden Papagei nicht zeigen willst, dann hättest du auch nichts von ihm erzählen brauchen", ruft Sebastian. Er und die andern gehen weiter und lassen Simone stehen.

Nach der Schule wartet Johanna, bis alle weg sind. Dann läuft sie hinter Simone her. „Simone! Warte auf mich!"

„Was willst du?", fragt Simone.

„Mit dir nach Hause gehen", antwortet Johanna. „Ich möchte deinen Papagei so gern einmal sprechen hören."

„Ich hab doch gesagt, dass er vor Fremden nicht spricht."

Johanna lässt nicht locker. „Dann möchte ich ihn wenigstens sehen."

„Das geht auch nicht", sagt Simone. „Er … er … ist nämlich gerade bei meiner Oma."

„Bei deiner Oma?", fragt Johanna verwundert.

„Ja!"

„Warum das denn?"

„Weil meine Oma den Papagei haben wollte, damit sie nicht mehr so allein ist", erklärt Simone.

Johanna überlegt. „Ich komme heute Nachmittag zu dir, dann besuchen wir deine Oma und den Papagei."

„Meine Oma besuchen?" Simone schüttelt den Kopf.

„Das geht nicht."

„Warum nicht?", will Johanna wissen. „Sie wohnt doch gleich hinter dem Park. Das ist doch nicht weit."

Simone schaut zu Boden. Sie tritt von einem Fuß auf den andern.

„Was ist denn los?", fragt Johanna.

„Meine Oma wohnt nicht mehr hinter dem Park", murmelt Simone. „Sie ist umgezogen."

„Wohin?"

„Nach Hamburg."

„Wann?"

„Letzte Woche."

„Das kann nicht sein", sagt Johanna. „Ich habe sie gestern im Supermarkt gesehen."

„Gestern ... da ... da ... hat sie uns besucht", stottert Simone, „weil sie Heimweh hatte."

Johanna guckt Simone an. „Ich glaube dir kein Wort mehr", sagt sie und lässt Simone stehen.

Kein Traum

In einem dunklen Wald lebte einmal eine alte Hexe. Mit ihrem buckligen Rücken und der langen Nase sah sie zum Fürchten aus. Niemand traute sich in ihre Nähe. Kein Reh, kein Vöglein, kein Hase, kein Igel, ja nicht einmal der schlaue Fuchs.

Eines Tages verfolgte ein kleiner Bär einen bunten Schmetterling und lief dabei immer tiefer in den dunklen Wald. Plötzlich war der Schmetterling verschwunden. Der kleine Bär schaute sich um – und wusste nicht mehr, wo er war. Langsam trottete er zurück, aber er hatte bei der Schmetterlingsjagd nicht auf den Weg geachtet. Deswegen fand er nicht mehr nach Hause. Er bekam fürchterliche Angst und fing zu weinen an.

Die alte Hexe las gerade in ihrem Hexenbuch, da hörte sie ein Schluchzen. Zuerst traute sie ihren Ohren nicht, doch dann ging sie schnell hinaus, um zu sehen, ob sie sich auch nicht verhört hatte. Tatsächlich, nicht weit von ihrem Häuschen entfernt entdeckte sie den kleinen Bären. Als der die Hexe sah, erschrak er.

„Du brauchst keine Angst vor mir zu haben", sagte sie. „Ich tu dir nichts. Ich mag nämlich kleine Bären."

Der kleine Bär traute der alten Hexe nicht, weil die großen Bären oft schlimme Geschichten über sie erzählten. Aber von dem langen Umherirren war er so erschöpft, dass er nicht mehr die Kraft zum Weglaufen hatte.

„Warum weinst du denn?", fragte die alte Hexe.

„Ich habe mich verlaufen und weiß nicht mehr, wie ich

nach Hause komme", antwortete der kleine Bär und schluchzte, dass es ihn richtig schüttelte.

„Deswegen brauchst du dir keine Sorgen mehr zu machen", beruhigte ihn die alte Hexe. „Jetzt ist es zwar schon zu spät und du bist auch viel zu müde, aber gleich morgen früh zeige ich dir den richtigen Weg."

„Wirklich?", fragte der kleine Bär.

„Wirklich", sagte die alte Hexe. Dann gab sie dem kleinen Bären die Hand und nahm ihn mit in ihr Hexenhäuschen. Dort kochte sie ihm einen süßen Brei und gab ihm Milch und Honig zu trinken. Während er aß und trank, erzählte die alte Hexe, wie traurig sie darüber war, dass alle Tiere im Wald sich vor ihr fürchteten.

Der kleine Bär hörte ihr zu. Dann sagte er leise: „Ich fürchte mich nicht mehr vor dir."

„Danke", sagte die alte Hexe und freute sich.

Als der kleine Bär sich satt gegessen hatte und zufrieden war, bereitete sie ihm ein weiches Lager und der kleine Bär legte sich schlafen.

Am nächsten Morgen zeigte die alte Hexe dem kleinen Bären den Weg zu seinen Eltern. Dort erzählte er, wie lieb die alte Hexe zu ihm gewesen war. Da beschlossen die Tiere, wieder in den Wald zu ziehen.

Darüber freute sich die alte Hexe sehr und gab ein großes Fest, bei dem bis spät in die Nacht gesungen und getanzt wurde.

Und als die alte Hexe am nächsten Morgen von Vogelgezwitscher geweckt wurde, da wusste sie, dass sie nicht geträumt hatte.

Einverstanden?

Annalena möchte bei ihrer Freundin Sophie übernachten.
Doch Papa erlaubt es nicht, weil Annalena seiner Meinung
nach dafür noch zu jung ist.
„Du würdest garantiert Heimweh bekommen", meint er.
„Dann müsste ich mitten in der Nacht losfahren und dich
holen."
„Bestimmt nicht, Papilein", sagt Annalena, schlingt die
Arme um seinen Hals und drückt ihm einen Kuss auf die
Backe. „Bitte, bitte, lass mich bei Sophie schlafen! Nur
einmal", fügt sie noch hinzu.
Jetzt gibt Papa seiner Tochter einen schmatzenden Kuss und
sagt: „Du darfst noch oft bei deiner Freundin schlafen,
mein Schatz – wenn du größer bist."
„Ich bin schon groß!"
„Natürlich. Aber noch nicht groß genug fürs Übernachten",
entgegnet Papa ruhig.
Dass Papa das so ruhig sagt, ärgert Annalena. „Du bist
gemein!", ruft sie. „Ganz, ganz gemein!" Dann springt sie
von Papas Schoß und läuft in ihr Zimmer.
Etwas später kommt Papa und setzt sich zu Annalena aufs
Bett. Sie dreht den Kopf auf die andere Seite. Da nimmt
Papa ihren Stoffraben Abraxas und spricht mit verstellter
Stimme: „Hallo, Annalena, ich habe eine Idee. Du und ich
und Muffel schlafen heute bei Papa im Bett. Vielleicht liest
er uns sogar eine extralange Gutenachtgeschichte vor. Frag
ihn doch mal, ob er das macht."
Annalena schüttelt den Kopf.

„Soll ich ihn fragen?"

Sie sagt weder Ja noch Nein. Da fragt Abraxas einfach.

„Einverstanden", antwortet Papa.

„Aber nur wenn du eine extraextralange Geschichte vor-
liest", murmelt Annalena.

„Versprochen", sagt Papa und streicht ihr liebevoll übers
Haar.

Später liegen Annalena, Muffel und Abraxas in Papas Bett.
Er liest sogar eine extraextraextralange Geschichte vor.
Trotzdem ist Annalena immer noch ein bisschen muffig,
denn bei Sophie zu schlafen wäre bestimmt noch viel
schöner gewesen. Aber bei Papa ist es jedenfalls besser als
im eigenen Bett.

Hund und Herrchen

Philipp hat das Gefühl, dass Gustav ihn austrickst. Bisher ist es nur ein Gefühl, beweisen kann Philipp es nicht. Noch nicht.

Aber jedes Mal, wenn er mit Gustav Gassi geht und Philipp nach links möchte, zieht Gustav nach rechts. Und er lässt nicht locker, bis Philipp nachgibt.

Will Philipp jedoch nach rechts, zerrt Gustav wie wild an der Leine – natürlich nach links.

Das kann doch kein Zufall sein, denkt Philipp. Egal wohin ich will, dieser Schlingel schafft es jedes Mal, dass ich mit ihm in die andere Richtung gehe. Dagegen muss ich etwas tun.

Philipp überlegt nicht lange. Er nimmt die Leine vom Haken und geht mit Gustav aus dem Haus. Philipp will nach rechts zum Schreibwarengeschäft, aber vor dem Haus geht er nach links. Sofort zieht Gustav nach rechts – und Philipp folgt ihm.

„Na also", sagt er und grinst. „Schließlich bestimmt das Herrchen den Weg, nicht der Hund. Und das Herrchen bin immer noch ich. Verstanden, du Schlingel!"

Gustav bellt und wedelt freudig mit dem Schwanz, weil er sich wieder mal durchgesetzt hat – wie er glaubt. So sind Hund und Herrchen zufrieden. Was wollen beide mehr?

Nicht aufgeben!

In einem großen Wald wuchsen vielerlei Bäume: Eichen, Buchen, Erlen, Fichten, Tannen, Lärchen und noch einige mehr. Der Boden war gut, und alle Bäume hatten genügend Platz und Sonne, sodass sie prima wachsen konnten. Wenn der Wind über das Land fegte und an den Bäumen rüttelte, machte ihnen das überhaupt nichts aus.

Nur ein paar Birken, die zusammen auf einer kleinen Lichtung standen, knarrten und ächzten, wenn der Wind durch ihre Äste pfiff.

Eine dieser Birken war schon sehr alt. Und als der Herbstwind eines Abends wieder heftig an ihren Ästen zerrte, da war sie einfach zu müde, um sich weiter zu wehren.

„Ich habe keine Kraft mehr", raunte sie den anderen Birken zu. „Ich lasse mich fallen."

„Nicht aufgeben!", riefen die anderen und streckten ihre Äste aus. „Wir halten dich!"

Aber die alte Birke wollte nicht mehr gehalten werden.

„Ich mag nicht mehr, ich will endlich meine Ruhe", ächzte sie und ließ die Äste hängen.

Als der Wind merkte, dass sie schwankte, zerrte und rüttelte er so lange an ihr, bis sie fiel. Mit einem dumpfen Schlag landete die Birke auf der Erde. Dort lag sie bis der Winter kam und sie mit Schnee zudeckte.

Es wurde ein langer Winter. Der Schnee schmolz erst in der Märzsonne. Da kam auch die Birke wieder zum Vorschein. Sie sah so aus, als sei alles Leben aus ihr verschwunden. Doch das täuschte.

An einem warmen Tag im Mai regten sich zwei junge Triebe und es dauerte nicht lange, bis zwei winzige Bäumchen aus dem Stamm der alten Birke wuchsen. Da staunten die anderen Birken und freuten sich.

Wo war Stefan?

Stefan sollte um fünf zu Hause sein. Jetzt ist es schon nach halb sechs, und er ist immer noch nicht da. Seine Mutter ruft bei Stefans Freunden an und schaut auf dem Spielplatz nach. Keine Spur von Stefan.

Kurz vor sechs kommt er nach Hause. „'tschuldige, wir mussten noch …"

„Wo warst du denn so lange?", unterbricht ihn seine Mutter ärgerlich.

„Immer fragst du, wo ich war", sagt Stefan. „Und wenn ich es dir sage, glaubst du mir nicht."

„Wenn du die Wahrheit sagst, glaube ich dir."

„Woher willst du denn wissen, ob ich die Wahrheit sage?", fragt Stefan.

Seine Mutter macht den Hals lang und schnüffelt an Stefan.

„Das rieche ich", behauptet sie. „dafür hab ich ein Näschen."

„So ein Quatsch!", brummt Stefan. „Die Wahrheit kann man doch nicht riechen."

„Also los, nun sag mir endlich, wo du den ganzen Nachmittag warst!"

„Ich war mit Benny auf dem Mond", sagt Stefan.

„Stefan!"

Er holt einen Stein aus der Tasche und hält ihn seiner Mutter unter die Nase.

„Was soll das?"

„Der ist vom Mond", sagt Stefan. „Das sollte dein feines Näschen doch erriechen können."

Ein lieber Brummbär

Heute kann Angelina mal wieder nicht einschlafen. Auch
wenn sie die Augen fest zudrückt und Schäfchen zählt oder
an etwas Schönes denkt, bleibt sie hellwach. Und hellwach
im Bett zu liegen, findet Angelina doof. Deswegen steht sie
auf und geht leise ins Wohnzimmer.

Papa liegt auf dem Sofa und schläft. Mama sitzt im Sessel
und liest. Sie ist so in ihr Buch vertieft, dass sie Angelina
nicht bemerkt.

„Ich kann nicht schlafen", murmelt Angelina.

Mama schaut von ihrem Buch hoch. „Ich habe dich gar
nicht kommen hören." Sie legt das Buch weg und öffnet
die Arme.

Angelina geht zu ihr, setzt sich auf Mamas Schoß und
kuschelt sich an sie. „Kannst du auch manchmal nicht einschlafen?"

Mama nickt.

„Was tust du dann?"

„Ich drehe mich auf die andere Seite und versuche, an
etwas Schönes zu denken", antwortet Mama.

„Hilft das bei dir?"

„Manchmal schon."

„Und wenn es nicht hilft, was tust du dann?", möchte
Angelina wissen.

„Dann lese ich."

Angelina guckt zu Mama hoch. „Wacht Papa nicht auf,
wenn du das Licht anmachst?"

Mama lächelt. „Der wacht nicht mal auf, wenn es blitzt und

donnert. Wegen ihm könnte ich die ganze Nacht lesen."

Sie schauen beide zu ihm hinüber. Er liegt auf dem Rücken, hat den Mund ein wenig geöffnet und schnarcht. Beim Ausatmen zittern seine Lippen und es gibt lustige Geräusche. Angelina und Mama kichern.

„Warum geht Papa denn nicht ins Bett?", fragt Angelina.

„Weil er noch die Nachrichten sehen möchte", antwortet Mama. „Aber wenn er sich hinlegt, schläft er nach ein paar Minuten ein."

„Dann würde ich doch lieber gleich ins Bett gehen", sagt Angelina.

„Das sage ich ihm jeden Abend", klagt Mama. „Was meinst du, was er mir jeden Abend verspricht?"

Angelina zuckt mit den Schultern.

„Heute schlafe ich bestimmt nicht ein", beantwortet Mama ihre Frage selbst.

„Das ist …"

In diesem Augenblick schnarcht Papa so laut, dass er davon aufwacht und Angelina richtig erschrickt.

„Jetzt bin ich tatsächlich ein bisschen eingenickt", murmelt Papa.

Er dreht den Kopf und sieht Angelina. „Was machst du denn noch hier? Du solltest doch eigentlich schon längst im Bett sein."

„Ich kann nicht schlafen."

„Im Gegensatz zu dir", sagt Mama zu Papa. „Du schläfst wie ein Murmeltier."

„Und schnarchen tust du wie ein Wildschwein", ergänzt Angelina.

„Ach was", brummt Papa. „Hast du vielleicht schon mal ein Wildschwein schnarchen hören?"

„Nö", gibt Angelina zu. „Aber so stelle ich's mir vor."

„Ach, wie seid ihr nett zu mir", sagt Papa, setzt sich auf und gähnt.

„Meine Frau nennt mich Murmeltier, meine Tochter Wildschwein. Was hab ich doch für eine reizende Familie."

Mama flüstert Angelina etwas ins Ohr. Dann setzen sie sich links und rechts neben ihn.

„Du bist doch kein Murmeltier und kein Wildschwein", sagt Mama grinsend. „Du bist unser lieber Brummbär."

Sie küssen ihn beide ordentlich ab und Papa brummt zufrieden.

Ein schöner Traum

Es war einmal ein kleiner Junge, der keine Freunde hatte.
Alle lachten ihn wegen seiner großen abstehenden Ohren
aus und der Junge war oft sehr traurig. Immer wenn sie ihn
auslachten und verspotteten, dachte er: Ich kann doch
nichts dafür, dass ich solche Ohren habe.
Der Junge saß oft allein zu Hause und überlegte, wie er von
dieser Last loskommen könnte. Einmal fragte er seine
Eltern sogar, ob der Arzt seine Ohren nicht kleinoperieren
könne. Da schimpften sie mit ihm und verboten ihm, so
dummes Zeug zu reden. Also redete der Junge nicht mehr
davon, aber damit war das Problem nicht gelöst.
Als er wieder einmal allein zu Hause war, las er in einem
Buch von einem Land, in dem viele Leute große abstehende
Ohren haben, genau wie er.
In der Nacht träumte der Junge von dem Land und wie ihn
die Leute dort um seine Ohren beneideten. Sie machten
ihn sogar zu ihrem König, weil er die größten und schönsten Ohren von allen hatte.
Am nächsten Morgen wachte der Junge auf und war auf
seine Ohren richtig stolz. Die Hänseleien der anderen
machten ihm nichts mehr aus. Und als sie das merkten,
lachten sie auch nicht mehr über ihn.

Wir könnten ...

Heute war ein schöner Tag. Man hätte viel zusammen
machen können. Lindas Eltern haben auch viel gemacht.
Aber nicht zusammen. Und schon gar nicht mit Linda.
Ihr Vater hatte drei geschäftliche Termine außer Haus. Seit
er wieder zurück ist, sitzt er in seinem Büro und will nicht
gestört werden.
Ihre Mutter nutzte das schöne Wetter für die große
Wäsche. Und während die Wäsche in der warmen Sonne
trocknete, mähte sie den Rasen. Jetzt schläft sie vor dem
Fernseher.
Linda geht in ihr Zimmer, setzt sich an den Schreibtisch
und denkt nach. Dann nimmt sie ein Blatt Papier und
schreibt:

Liebe Mami, lieber Papi!

Langsam mache ich mir Sorgen um euch. Ich weiß nämlich
nicht, was aus euch noch werden soll. Ihr seid ja nicht
mehr ganz so jung, aber ihr lasst die schönen Tage ver-
gehen, als hättet ihr noch unendlich viel davon.
Vor lauter Terminkalender sieht Papi gar nicht mehr, wenn

draußen die Sonne scheint. Und Mami überlegt nur, was sie bei schönem Wetter arbeiten kann. Aber Rasen mähen ist doch nicht so wichtig. Ich möchte sowieso lieber eine richtige Wiese mit Blumen im Garten. Das wäre viel schöner als der langweilige Rasen. Und Mami hätte dann Zeit, um etwas anderes zu tun. Wir könnten zusammen an einen See fahren und schwimmen. Wir könnten an den Fluss fahren und die Füße in das kalte Wasser hängen. Vielleicht könnten wir sogar einen Staudamm bauen und ein kleines Schiff schwimmen lassen. Wenn wir ein Zelt hätten, könnten wir am Fluss zelten. Dann würden wir nachts das Rauschen des Wassers hören.

Es gibt bestimmt noch viel Tolles, was wir noch nie erlebt haben. Ich werde bestimmt noch viel davon erleben, ich bin ja noch jung. Aber ihr? Was soll aus euch werden, wenn ihr immer nur arbeitet? Das frage ich mich und euch.

Eure Linda

Linda liest den Brief noch einmal durch, malt Blumen an den Rand und ein großes rotes Herz hinter Linda. Dann schleicht sie ins Schlafzimmer der Eltern und legt den Brief auf das Kopfkissen ihrer Mutter.

Wer braucht Vitamine?

Christina und Fabian sitzen im Sandkasten und häufen den Sand zu einem Berg auf.

„Christina! Fabian! Essen kommen!", ruft Papa kurz nach zwölf vom Balkon herunter.

Die beiden machen ihren Berg schnell fertig und stecken noch ein Fähnchen in die Spitze. Erst dann gehen sie ins Haus.

Als sie sich an den Tisch setzen wollen, fragt Papa: „Habt ihr die Hände schon gewaschen?"

Fabian reibt seine Hände an der Hose ab, bevor er sie hoch hält. „Meine sind ganz sauber."

„Meine sind auch sauber", plappert Christina ihrem Bruder nach.

„Wer im Sandkasten spielt, hat viele Bazillen an den Händen", entgegnet Mama.

„Was sind Bazillen?", fragt Christina.

„Bazillen?" Mama überlegt kurz. „Bazillen sind ganz kleine Tierchen."

Christina guckt ihre Hände genau an. „Da sind aber keine Tierchen."

„Die sind so klein, dass man sie mit den Augen gar nicht sehen kann", erklärt Papa. „Dazu braucht man eine Lupe."

„Was ist eine Lupe?"

„Detektive haben eine Lupe", antwortet Fabian diesmal für seinen Papa.

Christina schaut ihren Bruder zweifelnd an. „Detektive suchen doch Räuber und keine Bazillen."

Fabian rollt mit den Augen.

„Und ihr sucht jetzt das Bad auf und zwar ohne weitere Diskussion", sagt Papa energisch.

Fabian und Christina ziehen ab, sind aber ziemlich schnell wieder zurück.

„Die armen Bazillen", murmelt Christina. „Jetzt sind alle ertrunken."

„Bazillen ertrinken nicht", versucht Mama ihre Tochter zu beruhigen.

„Können sie denn schwimmen?"

Mama weiß nicht recht, was sie darauf antworten soll.

„Ja, sie können schwimmen", behauptet Papa. „Und wir können jetzt essen."

Fabian entdeckt den Salat auf seinem Teller. „Ich mag keinen Salat."

„Ich mag auch keinen Salat", sagt Christina sofort.

Mama spießt einen Streifen grünen Paprika und ein Stück Tomate auf ihre Gabel, schiebt beides in den Mund, kaut und schluckt.

„Schmeckt prima", lobt sie Papa, der den Salat gemacht hat. „Und ist sehr gesund. Da sind viele Vitamine drin."

„Was sind Vitamine?", fragt Christina.

„Auch kleine Tierchen wie Bazillen", antwortet Fabian.

„Iiiii!" Christina schiebt ihren Teller weg.

Papa schüttelt vorwurfsvoll den Kopf. „Erzähl deiner Schwester doch nicht solchen Quatsch!"

„Alle Menschen brauchen Vitamine, damit sie nicht krank werden", sagt Mama. „Und Kinder brauchen sie ganz besonders."

„Und weil im Salat viele Vitamine sind, essen wir jetzt alle
unseren Teller leer", schlägt Papa vor.
Mama und er machen es vor, doch Fabian und Christina
folgen ihrem Beispiel nur sehr zögernd. Beide stochern in
ihrem Teller herum, bis sie kleine Blättchen vom grünen
Salat erwischen. Darauf kauen sie dann herum, als hätten
sie ein Stück Leder im Mund.
Plötzlich fragt Christina: „Sind im Pudding und im Eis auch
Vitamine?"
„Nein, mein Schatz", antwortet Mama. „Im Pudding und
im Eis sind leider überhaupt keine Vitamine."

Da legt Christina ihre Gabel weg, faltet die Hände und murmelt: „Lieber Gott, mach bitte, dass die Vitamine aus dem Salat in den Pudding und ins Eis kommen. Amen."

Mama wuselt durch Christinas schwarze Locken und sagt schmunzelnd: „Komm, ich helfe dir. Zu zweit kriegen wir deinen Teller bestimmt leer."

„Dann musst du aber mir helfen", sagt Fabian sofort zu Papa. „Sonst ist es nicht gerecht."

Papa macht große Augen. „Das wäre ja furchtbar!" Und schon spießt er ein Stück Gurke auf die Gabel.

„Sowieso müssen Erwachsene mehr Salat essen als Kinder", meint Fabian.

„Warum das denn?", möchte Papa wissen.

„Weil Erwachsene schon alt sind …"

„Also bitte, ich bin nicht alt!", wehrt sich Mama.

„Aber viel älter als ich und Christina", sagt Fabian. „Und wer älter ist, ist auch oft krank. Genau wie Oma. Bestimmt hat sie auch zu wenig Vitamine gegessen. Und ich möchte nicht, dass ihr auch so oft krank seid wie Oma." Mit diesen Worten schiebt Fabian den Salatteller zu seinem Papa. Christina schiebt ihren Teller zu Mama. Und beide sind sicher, dass sie damit ein gutes Werk tun.

Hüte deine Zunge!

Die Familien Berger und Schumacher wohnen seit Jahren nebeneinander. Sie besuchen sich öfter, gehen manchmal spazieren und wollen im nächsten Sommer sogar zusammen nach Spanien. Zuvor fahren die Bergers in den Osterferien ohne die Schumachers noch eine Woche nach Österreich zum Skilaufen. Das können die Schumachers sich nicht leisten.

„Kann unser Papagei für eine Woche bei euch bleiben?", fragt Herr Berger.

„Selbstverständlich", antwortet Frau Schumacher.

Herr Berger bedankt sich. „Bei euch fühlt sich Kiki bestimmt wohler als im Tierheim."

„Das hoffe ich doch", sagt Frau Schumacher.

Also ist Kiki eine Woche lang Gast der Familie Schumacher. Und er scheint sich vom ersten Tag an wohl zu fühlen. Jedenfalls krächzt er munter vor sich hin. Am liebsten ist er mit den Kindern Sara und Sven zusammen, weil die ihm heimlich ab und zu ein Stück Schokolade geben.

Nach einer Woche sind die Bergers wieder zurück und holen Kiki ab.

„War er auch anständig?", fragt Frau Berger.

Frau Schumacher nickt. „Sehr anständig. Kein böses Wort kam über seinen Schnabel."

Frau Berger bedankt sich noch einmal und nimmt Kiki mit.

Eine Stunde später läutet bei Schumachers das Telefon. Herr Berger ist am anderen Ende der Leitung und kündigt den Schumachers die Freundschaft.

„Aber Bruno", sagt Herr Schumacher, „warum bist du
denn so wütend? Was ist denn passiert?"

„Jetzt wissen wir endlich, was ihr wirklich von uns denkt!",
ruft Herr Berger ins Telefon.

„Was soll denn der Quatsch!", ruft Herr Schumacher
zurück. „Woher willst du das denn wissen?"

Herr Berger antwortet nicht. Stattdessen hört Herr Schu-
macher Kikis Stimme im Hintergrund: „Geldprotz!
Quasseltante! Ungezogene Gören! Alte Schreckschraube!
Der Berger ist ein Angeber! Kleine Biester! Geschniegelte
Lackaffen!"

Herr Schumacher hat genug gehört. Er legt auf und
brummt: „Blöder Papagei!"

49

Mein Papa ist ein Mann

Der Kindergarten ist aus. Franziska und ihre Freundin Anne laufen zu Franziska nach Hause, weil sie noch ein bisschen miteinander spielen wollen.

Sie müssen am Zimmer von Franziskas großer Schwester Jasmin vorbei und hören ein Tuscheln hinter der angelehnten Tür. Franziska schiebt die Tür ganz vorsichtig auf und spickelt zu dem Spalt hinein. Jasmin und ihr Freund liegen auf dem Bett und schmusen miteinander.

Franziska lässt ihre Freundin auch mal gucken. Als Anne genug gesehen hat, flüstert sie Franziska ins Ohr: „Im Film gefällt's mir, wenn sich zwei küssen, aber in echt finde ich es eklig."

Franziska nickt und geht leise in ihr Zimmer. Anne folgt ihr.

„Aber wenn mein Papa mich küsst, ist es nicht eklig", sagt Franziska.

„Bei Papas ist es anders", meint Anne. „Die sind ja auch keine Männer."

Franziska guckt ihre Freundin erstaunt an. „Mein Papa ist ein Mann", verteidigt sie ihren Papa.

„Ja, schon", gibt Anne zu, „aber kein richtiger, den man heiraten kann."

„Ich heirate sowieso nicht", sagt Franziska. „Ich will doch keinen fremden Mann küssen müssen."

Nie wieder!

An einem schönen Sommertag machte sich die Feldmaus
auf den Weg, um ihre Tante in der Stadt zu besuchen.
Unterwegs musste sie sich ein paar Mal verstecken, weil
ein Mäusebussard über ihr kreiste. Deswegen war sie froh,
als sie endlich vor dem Haus ihrer Tante stand.
„Hallo!", rief die Stadtmaus aus einem Loch heraus.
„Schön, dass du mich mal wieder besuchst. Komm doch
herein!"
Die Feldmaus schlüpfte durch das Loch zu ihrer Tante.
Die beiden umschwänzelten sich erst mal und hatten sich
viel zu erzählen.

Bis der Magen der Feldmaus dazwischenknurrte.

„Ach, entschuldige", piepste die Stadtmaus. „Nach dem langen Weg hast du sicher großen Hunger."

Die Feldmaus nickte.

„Dann komm mit!" Die Stadtmaus lief voraus zum Abfallcontainer. Dort lagen Mandarinenschalen, eine halbe Banane, ein Joghurtbecher und eine Wursthaut auf dem Boden.

„Lecker", sagte die Stadtmaus. „Heute gibt's Bananen."

„Bananen?", fragte die Feldmaus. „Was ist das?"

„Probier mal!", sagte die Stadtmaus.

Die Feldmaus biss ein winziges Stück von der Banane ab – und spuckte es gleich wieder aus.

„Schmeckt dir Banane nicht?"

Die Feldmaus schüttelte den Kopf.

„Dann probier mal die Mandarinenschale."

Als die Feldmaus daran schnupperte, wurde ihr beinahe übel. Auch den Joghurt mochte sie nicht. Am besten roch die Wursthaut, aber essen konnte die Feldmaus sie nicht, weil sie aus Kunststoff war.

Während die Feldmaus noch an der Kunststoffhaut herumnagte, kam ein Auto angefahren.

„Pass auf!", rief die Stadtmaus und flitzte so schnell sie konnte zu ihrem Loch.

Die Feldmaus starrte das riesige, brummende Ungeheuer an, dann lief sie davon. Das Ungeheuer folgte ihr und holte sie ein. Die Feldmaus dachte schon, ihr letztes Stündlein habe geschlagen und drückte sich flach auf den Boden.

Das Ungeheuer donnerte über sie hinweg und verschwand.

Es dauerte noch eine Weile, bis die Feldmaus sich wieder rührte. Sie schaute sich ängstlich um und lief, ohne sich von ihrer Tante zu verabschieden, aus der Stadt. Und sie ließ sich dort nie wieder blicken.

Sonst nichts

„Mama! Mama!“, ruft Maren aufgeregt durch die Sprech-
anlage. „Juli ist mit dem Rad gestürzt! Komm schnell! Er
ist verletzt!“

Mama läuft aus der Wohnung zum Aufzug. Weil die Tür zu
ist, nimmt Mama lieber die Treppe. Das geht schneller.
Durch die Glastür sieht sie Julian schon in der Einfahrt
liegen. Keuchend rennt sie das letzte Stück.

„Mama, Juli hat …“

Mama hört nicht auf Maren. Sie kniet neben ihren Sohn
und fragt: „Julian, was ist?“

„Mein Knie tut weh“, klagt Julian mit weinerlicher
Stimme. „Und mein Arm.“

Das rechte Knie ist aufgeschlagen und blutet. Der rechte
Ellbogen ebenso.

„Tut dir sonst noch etwas weh?“, möchte Mama wissen.
Julian zieht die Schultern hoch.

„Der Kopf?“

„Nein.“

Mama nimmt Julian auf den Arm und trägt ihn in die
Wohnung. Im Bad wäscht sie das Blut ab und streicht ganz
vorsichtig eine Salbe auf die Wunden. Julian verzieht das
Gesicht, stöhnt und heult. Maren steht daneben und leidet
mit ihrem Bruder.

„Gleich haben wir's“, sagt Mama. Sie klebt noch zwei
große Pflaster drauf. Dann trägt sie Julian ins Wohnzimmer
und setzt sich mit ihm auf das Sofa. Sie wiegt ihn sanft wie
ein kleines Kind. Julian mag es sonst überhaupt nicht,

wenn Mama ihn wie ein Baby behandelt. Aber jetzt schmiegt
er sich eng an sie.

„Wie ist das denn passiert?", fragt Mama.

Julian möchte jetzt nicht reden. Er möchte einfach still in
Mamas Armen liegen und gestreichelt werden. Deswegen
antwortet Maren für ihren Bruder. „Juli wollte mir zeigen,
dass er freihändig fahren kann. Dabei ist er gestürzt."
Normalerweise hätte Julian seine Schwester nicht einmal
ausreden lassen, zumindest würde er ihr deutlich wider-
sprechen. Aber jetzt ist ihm egal, was Maren sagt. Er hat
einfach keine Lust zum Reden und schon gar nicht zum
Streiten. Er möchte noch ein bisschen weinen und seine
Mama spüren. Sonst nichts.

Der Schlumischubu

Gestern hatte Lena einen schlimmen Traum und traut sich deswegen heute nicht ins Bett. Sie hat Angst, der schlimme Traum könnte wiederkommen.

Papa setzt sich zu Lena ans Bett und versucht, ihr die Angst auszureden. Doch als er aus dem Zimmer geht, ist die Angst immer noch da.

Lena starrt an die Decke. Sie öffnet die Augen extra weit, um ja nicht einzuschlafen. Aber das ist ziemlich anstrengend. Und es dauert nicht lange, da kommt auch schon der Schlumischubu an Lenas Bett. Er hebt sie hoch und flüstert ihr ins Ohr: „Hab keine Angst, kleine Lena. Ich bringe dich jetzt ins Land der Träume."

Der Schlumischubu ist ein unsichtbarer Riese. Er trägt alle Kinder, die Angst vor schlimmen Träumen haben, ins Land der Träume. Dort beschützt er diese Kinder und passt auf, dass der schlimme Traum nicht wieder zu ihnen kommt. Der Schlumischubu ist so riesig, dass sich nicht einmal die allerschlimmsten Träume in seine Nähe trauen. Deswegen haben die Kinder nur schöne Träume, bis der Schlumischubu sie am Morgen wieder in ihr Bett legt.

„Ich wünsche dir einen schönen Tag", flüstert er Lena ins Ohr. „Und wenn du mich brauchst, komme ich heute Abend wieder."

Genau

Dies ist eine gewöhnliche Geschichte – nein, ganz und gar
nicht. Es ist sogar eine sehr ungewöhnliche Geschichte.
Wenn ihr sie genau lest, werdet ihr bald wissen, was an ihr
so ungewöhnlich ist. Vielleicht wissen es einige von euch
jetzt schon oder sie ahnen es zumindest. Wer es noch nicht
weiß, liest am besten noch einmal von vorn.
So, nun geht's weiter.
Die Geschichte ist deswegen so ungewöhnlich, weil ihr
etwas ehlt, und zwar etwas sehr Wichtiges, au das eine
richtige Geschichte nicht verzichten ann.
Jetzt habt ihr es bestimmt gemert. Oder etwa immer noch
nicht? Das ann ich mir nicht vorstellen. Dann liegt es
daran, dass ihr nicht genau genug lest. Das ist natürlich ein
ehler.
Ehler? Was ist denn das ür ein Wort? Da ehlt doch etwas.
Genau! Da ehlt ein F. Und obwohl das ehlt, habt ihr die
Geschichte bisher gelesen und önnt sie auch verstehen.
Richtig, hier ehlt nicht nur das F, sondern auch noch das K.
Deswegen frage ich mich und euch: Brauchen wir vielleicht
gar nicht so viele Buchstaben, um einander zu verstehen?
Önnen wir vielleicht sogar auf das A verzichten? Probiert es
doch mit einer eigenen Geschichte us!

Eine große Chance

Ein Esel, ein Hund, eine Katze und ein Hahn waren auf dem Weg nach Bremen. Eines Tages kamen sie an einem Bauernhof vorbei. Weil sie vom langen Gehen müde waren und großen Durst hatten, wollten sie eine kleine Pause machen.

In einer Ecke des Hofes entdeckte der Esel eine Wanne mit Wasser, steckte gleich den halben Kopf hinein und trank. Der Hund stellte sich neben ihn auf die Hinterbeine und schlürfte gierig. Nur die Katze und der Hahn reichten nicht ans Wasser.

„He, wir haben auch Durst!", krähte der Hahn.

Da spritzte der Esel so viel Wasser über den Wannenrand, dass sich auf dem Boden eine Pfütze bildete. So konnten auch die Katze und der Hahn ihren Durst stillen.

Da machte es plötzlich muh hinter ihnen.

Der Hahn flatterte aufgeregt davon. Die Katze versteckte sich hinter der Wanne. Der Hund zog den Schwanz ein und lief ihr hinterher. Nur der Esel blieb stehen und schaute die Kuh an.

„Was wollt ihr denn hier?", fragte sie.

„Unseren Durst löschen und ein wenig ausruhen", antwortete der Esel. „Wenn du nichts dagegen hast."

„Warum sollte ich etwas dagegen haben?"

Der Hund, die Katze und der Hahn trauten sich wieder hinter der Wanne hervor.

„Bist du die einzige Kuh hier?", wollte der Hund wissen.

Muh machte die Kuh. „Der Bauer will den Hof aufgeben

und hat alle anderen Kühe schon verkauft. Nur mich wollte niemand haben. Ich weiß nicht, was aus mir noch werden soll."

„Komm doch mit uns", sagte der Esel. „Wir ziehen nach Bremen und werden dort Stadtmusikanten."

„Stadtmusikanten?" Die Kuh schüttelte den Kopf. „Nein, nein, das ist nichts für mich."

„Wieso nicht?", fragte der Esel. „Du hast eine kräftige Stimme, und wenn wir alle miteinander musizieren, wird es schon gehen."

„Ich trau mich nicht", sagte die Kuh. „Ich war noch nie in Bremen."

„Wir auch nicht", krähte der Hahn. „Aber etwas Besseres als hier wirst du überall finden."

„Wer weiß", entgegnete die Kuh und trottete zurück in den Stall.

„Dumme Kuh", knurrte der Hund.

Der Esel, der Hund, die Katze und der Hahn ruhten sich unter einem großen Baum noch ein Weilchen aus, dann zogen sie weiter.

Ein paar Tage später hörte die Kuh zufällig, wie der Bauer seiner Frau aus der Zeitung vorlas: „Ein Esel, ein Hund, eine Katze und ein Hahn spürten eine seit langem gesuchte Räuberbande auf und verjagten sie aus ihrem Schlupfwinkel, sodass die Polizei nur noch zugreifen brauchte. Am nächsten Tag gaben der Esel, der Hund, die Katze und der Hahn in Bremen ein Konzert, das die Zuhörer

begeisterte. Die Gruppe nennt sich ‚Die Bremer Stadt-
musikanten' und steht wahrscheinlich am Anfang einer
großen Karriere."
Als sie das hörte, schlug sich die Kuh mit ihrem eigenen
Schwanz, so ärgerte sie sich über sich selbst. Warum bin ich
bloß nicht mit ihnen gegangen?, fragte sie sich. Dann wäre
ich jetzt auch berühmt und müsste nicht allein in dem alten
Stall stehen, ohne zu wissen, was aus mir werden soll.
Doch alles Grübeln half der Kuh nichts, sie hatte die
Chance ihres Lebens verpasst.

Urlaub finito

Familie Sieber hat ein schönes neues Zelt. Damit wollen sie zum ersten Mal Urlaub an einem See machen. Papa und die Kinder freuen sich schon. Mamas Freude hält sich in Grenzen. Sie ist nicht gerade scharf auf einen Campingurlaub, aber sie will keine Spielverderberin sein.

Als sie nach einer langen Autofahrt endlich auf dem Campingplatz stehen, wimmelt es da nur so von Zelten und Wohnwagen. In der hintersten Ecke ist gerade noch ein Plätzchen frei.

Beim Einparken rammt Papa beinahe ein Auto und fängt zu schimpfen an: „Hier kommt man sich ja vor wie die Heringe in der Dose! So kann man doch keinen Urlaub machen!"

„Sei froh, dass wir überhaupt einen Platz haben", sagt Mama.

„Der ist ja viel zu klein", stellt Papa jetzt fest. „Hier passt unser Zelt nie hin."

„Wo sollen wir es dann aufstellen?", fragt Lisa.

„He, seht mal da drüben!", sagt Mama. „Ich glaube, die reisen ab."

Papa läuft sofort hinüber und fragt: „Fahren Sie weg?"

„Si, weg. Urlaub finito", antwortet der Mann halb italienisch, halb deutsch.

„Dann stellen wir unser Zelt hier auf", sagt Papa. Er bleibt gleich stehen und bewacht den Platz, damit ihn niemand wegschnappen kann. Und als die italienische Familie abreist, fährt Papa den Wagen sofort in die Lücke.

Dann packen sie das Zelt aus. Es ist nicht einfach, so ein großes Zelt aufzubauen, obwohl sie es zu Hause im Garten ein paar Mal geübt haben. Papa und Mama kommen ganz schön ins Schwitzen.

„Geh du mal rein und halt die vordere Stange", sagt Papa zu Mama. „Dann spanne ich die Leine."

Mama geht ins Zelt, Papa spannt die Leine – und plötzlich stürzt alles ein.

„Hilfe!", ruft Mama.

Lukas sitzt in einem Campingstuhl und findet das lustig.

„Lach nicht so dumm!", meckert Papa ihn an. „Hilf uns lieber!"

„Vorhin hast du gesagt, ich stehe die ganze Zeit im Weg herum", entgegnet Lukas. „Jetzt helfe ich nicht mehr."

Zum Glück kommt ein Zeltnachbar und hilft beim Aufbau. Der Mann kennt sich gut aus und bald steht das Zelt.

Auf den freien Platz vor dem Zelt stellt Papa Tisch und Stühle. Dann ruhen sie sich erst mal aus.

Da hält ein Auto genau vor ihnen. Ein Mann steigt aus.

„Entschuldigen Sie, aber das ist unser Platz."

„Sie sehen doch, dass hier schon ein Zelt steht", sagt Papa. Der Mann dreht sich um und holt den Platzwart.

„Das Zelt darf da nicht stehen", sagt der Platzwart. „Der Platz gehört diesem Mann."

„Das soll wohl ein Witz sein!", schimpft Papa. „Der kann sein Zelt doch woanders aufstellen!"

„Nein das ist sein Platz", sagt der Platzwart. „Ihr Zelt muss weg!"

Papa will noch etwas sagen, aber Mama legt ihre Hand auf seinen Arm. „Reg dich bitte nicht auf, es hat doch keinen Zweck."

Papa und Mama tragen Tisch und Stühle weg. Lisa und Lukas heulen.

„Wo sollen wir jetzt unser Zelt aufstellen?", fragt Lukas.

„Tut mir Leid", sagt der Mann, „aber wir haben den Platz schon lange gebucht."

„Schon gut", sagt Mama. „Sie können ja nichts dafür, dass die viel zu viele Leute hier reinlassen."

„Mir reicht's!", brummt Papa. „Hier bleiben wir keine Minute länger!"

Die Siebers bauen das Zelt wieder ab und packen ihre

Sachen zusammen. Dann fahren sie weiter zum nächsten Zeltplatz. Aber der ist genauso voll wie der erste. Und der übernächste auch. Papa ist schweißgebadet und steht kurz vor dem Explodieren. „Wir stellen das Zelt auf die nächstbeste Wiese und damit basta!", sagt er.

„Kommt nicht in Frage", widerspricht Mama. „Ich zelte doch nicht zwischen Kühen."

„Dann mach du doch einen besseren Vorschlag!"

„Das Beste wird sein, wir fahren wieder nach Hause", meint Mama.

„Nein!", rufen die Kinder.

„Kommt nicht in Frage", sagt jetzt Papa. „Und sowieso würden wir das heute nicht mehr schaffen."

Also suchen sie ein Hotel, in dem noch ein Zimmer frei ist. Auch das ist nicht einfach; erst gegen Abend finden sie eines.

Weil die Kinder und Papa aber unbedingt zelten wollen, stellen sie das Zelt im Hotelgarten auf. Dort schlafen sie auf ihren Luftmatratzen.

Mama ist froh, dass sie endlich ihre Ruhe hat. Sie macht es sich in dem großen Doppelbett so richtig gemütlich.

Loslassen!

Heute ist ein heißer Sommertag. Amelie will sich in ihrem Planschbecken ein wenig abkühlen. Am liebsten ganz nackt. Als sie in den Garten kommt, sieht sie ihre Schwester Nicole mit ihrem neuen Freund Axel im Schatten eines Baumes liegen. Amelie bleibt stehen und überlegt, ob sie trotzdem ins Planschbecken steigen soll.

„He! Was machst du denn da?", ruft Axel, als er Amelie entdeckt. „Uns heimlich beobachten, was?"

„Gar nicht wahr!", widerspricht Amelie. „Ich wollte in meinem Planschbecken …" Sie spricht nicht weiter.

„Und wegen Axel traust du dich nicht", sagt Nicole. „Stimmt's?"

Amelie antwortet nicht. Sie schaut etwas verlegen zu Boden.

„Och, ist die süß!", sagt Axel und lacht. „So richtig zum Knuddeln."

„Ich bin nicht süß!", ruft Amelie. „Und knuddeln lasse ich mich auch nicht. Und von dir sowieso nicht."

Mit einem Satz ist Axel auf den Beinen und rennt los. Amelie flieht kreischend, aber Axel erwischt sie.

„Lass mich los!" Sie strampelt und zappelt wie wild. „Du sollst mich loslassen!"

Axel denkt nicht daran. Er knuddelt und kitzelt Amelie so heftig, dass sie halb lacht und halb weint.

„Hör auf!", ruft Nicole. „Sie mag das nicht."

Aber Axel macht weiter.

Nicole kommt angelaufen, zieht ihn am Arm und sagt:

„Lass sie los! Siehst du nicht, dass sie weint?"

„Ach was", brummt Axel nur, lässt Amelie aber trotzdem los.

Nicole will etwas zu Amelie sagen, doch die kommt ihr zuvor. „Der soll aus unserem Garten verschwinden!", schreit sie und tritt ihn kräftig ans Bein.

„Du kleines Biest!", zischt Axel und reibt sein Bein.

Nicole schaut ihn ernst an. „Du bist doch selbst schuld, dass sie dich getreten hat. Warum hast du sie auch nicht in Ruhe gelassen?"

„Ich hab sie doch nur ein bisschen geknuddelt", brummt Axel.

„Ich will aber von dir nicht geknuddelt werden!", ruft Amelie. „Merk dir das!"

Nicht allein

Ein paar Kinder kriechen durch ein Loch im Zaun in den
Garten des alten Bottmann. Dort gibt es die besten Äpfel
im ganzen Dorf.
Lukas ist ein guter Kletterer und klettert geschickt auf einen
Baum. Als er oben ist, wirft er Äpfel hinunter und die
andern fangen sie auf. Zum Schluss füllt Lukas seine
Taschen noch mit Äpfeln. Dann will er wieder hinunter-
klettern, rutscht ab, fällt und kann sich gerade noch an
einem Ast festhalten. Mit letzter Kraft zieht er sich hoch
und setzt sich schwer atmend auf den Ast.

Die anderen Kinder stehen mit angehaltenem Atem unter dem Baum. Lukas ist nichts passiert, aber er traut sich nicht mehr weiter. Der Schreck sitzt ihm im ganzen Körper.

„Los, mach schon, komm runter!", sagt Niki. „Wir müssen weg, bevor uns der alte Bottmann erwischt."

Aber Lukas rührt sich nicht.

„Ich hau ab", sagt Niki und verschwindet durch das Loch im Zaun.

Und Philipp mit ihr.

„He, bleibt hier!", ruft Meike. „Wir können Lukas doch nicht allein lassen.

Aber die beiden sind schon weg. Nur noch Axel bleibt da.

„Helft mir runter", bittet Lukas.

„Wie denn?", fragt Meike.

„Wir brauchen eine Leiter", sagt Axel.

Sie schleichen durch den Garten, finden aber keine Leiter.

„Wir müssen den Bottmann holen", meint Meike. „Der muss Lukas helfen."

Axel guckt Meike mit großen Augen an. „Und wenn er uns verhaut?"

Meike zuckt mit den Schultern. „Wird er schon nicht."

Da ist Axel nicht so sicher.

„Kommst du nun mit?", fragt Meike.

„Also gut, versuchen wir's."

Zusammen gehen die beiden zum Haus, um den alten Bottmann zu holen.

Was der wohl sagen wird?

Viel interessanter

In einem schönen Tal nicht weit von Regensburg lag ein kleines, etwas verschlafen wirkendes Dorf. Den Mittelpunkt des Dorfes bildeten die Kirche, das prächtige Rathaus und zwei kaum weniger prächtige Fachwerkhäuser. Wenn Besucher in das Dorf kamen, bewunderten sie das kunstvoll gezimmerte Fachwerk und fotografierten es von allen Seiten.

Je weiter man sich vom Dorfplatz entfernte, desto einfacher und schmuckloser wurden die Häuser. Und ganz am Rand des Dorfes stand noch ein einsames Haus in einem verwilderten Garten. Es war wohl schon sehr alt und schien sich unter der Last der vielen Jahre, die es auf dem Buckel hatte, müde zu ducken. Dieses bucklige Haus wurde von den Besuchern kaum beachtet und schon gar nicht fotografiert. Aber mir hatte es gerade dieses Haus angetan, ich wollte mehr über es wissen und schaute mich um. Es war niemand zu sehen, den ich hätte fragen können. Also ging ich zum Gartentor, um es zu öffnen. Doch das war gar nicht so einfach. Ich musste erst die Brennesseln und das Efeu entfernen. Die rostigen Scharniere knarrten laut, als ich das Tor aufdrückte.

Vorsichtig setzte ich Fuß vor Fuß. Die Platten des Weges waren mit Moos, Gras und Blumen überwuchert. Ich achtete darauf, keine zu zertreten.

Die Stufen zur Haustür wackelten ebenso wie das Geländer. Obwohl ich nicht damit rechnete, dass in dem Haus jemand wohnte, suchte ich die Klingel. Aber es gab keine.

Ich klopfte mit der Hand gegen die Holztür und lauschte.
„Da können Sie lange klopfen!", rief eine Stimme. „Es
wird Ihnen keiner öffnen."
Ich drehte mich um und sah eine Frau am Gartentor stehen.
„In der alten Hütte wohnt nämlich schon lange niemand
mehr", fügte sie noch hinzu.
Ich fragte die Frau, ob sie wisse, wer in dem Haus gewohnt
habe.
„Natürlich", antwortete sie. „Ein Faulenzer und Nichtsnutz,
der lieber in der Welt herumreist, als sich um Haus und
Garten zu kümmern. Aber was machen Sie überhaupt in
dem Garten?"
„Ich … äh … ich wollte mir das Haus nur mal ansehen,
weil es mir gefällt."
„Gefällt?" Die Frau schaute mich an als zweifle sie an
meinem Verstand. „Ihnen gefällt das?", fragte sie noch einmal. „Wenn Sie schöne Häuser sehen wollen, müssen Sie
ins Dorf gehen und nicht …"
„Die hab ich schon gesehen", unterbrach ich sie, „aber ich
finde dieses hier viel interessanter."
Die Frau schüttelte den Kopf, drehte sich um und ging
schnell weiter.
Ich setzte mich zwischen die Blumen, schaute das Haus an
und fragte mich, was es mir wohl erzählen würde, wenn es
reden könnte.

Zuckertüten

Heute geht Selina zum letzten Mal in den Kindergarten.
Mama und Papa kommen auch mit. Denn heute gibt es im
Kindergarten ein Fest. Das Zuckertütenfest.
Dazu sind auch die Eltern eingeladen. Sie sitzen auf den
kleinen Stühlen und schauen den Kindern bei ihren
Spielen zu. Ein paar von ihnen sind als Blumen verkleidet.
Ein Mädchen ist die Sonne. Wenn die Sonne erscheint,
gehen die Blumen auf. Dann kommen andere Kinder in
Bienenkostümen und fliegen um die Blumen herum.
Ein Junge mit einer Schere will die Blumen abschneiden.
Aber die summenden Bienen vertreiben den Jungen.
Die Eltern freuen sich an dem schönen Spiel und die Kinder
erhalten viel Beifall.
Als Nächstes sagen zwei Mädchen ein Gedicht auf:

„Im Kindergarten war es schön,
doch jetzt ist diese Zeit vorbei.
Wir wollen in die Schule gehn
und rechnen lernen – eins, zwei, drei.

Wir lernen auch das ABC
und wie man richtig liest und schreibt.
Wir springen freudig in die Höh',
denn bald beginnt die Schülerzeit!"

Dann nehmen sich die Kinder an den Händen, stellen sich
im Halbkreis vor ihren Eltern auf und singen ein Lied:

„Lange muss ich nicht mehr warten, ich geh fort vom Kindergarten, lauf zur Schule ganz allein, denn jetzt bin ich nicht mehr klein!"

Danach bekommen die großen Kinder kleine Zuckertüten.
Die sind mit Keksen, Bonbons, Bleistift, Farbstiften und
einem Überraschungsei gefüllt.
„Das ist nur eine kleine Zuckertüte", sagt eine Erzieherin.
„Weil ihr noch in den Kindergarten geht. Aber bald geht
ihr in die Schule. Dann bekommt ihr eine große Zuckertüte."

Auf die große Zuckertüte müssen die Kinder noch ein paar
Wochen warten.
Selina fragt jeden Tag: „Wie lange dauert es denn noch, bis
ich in die Schule darf?"
„Nicht mehr lange", antworten Mama und Papa.

Einmal geht Mama mit Selina zur Probe den Weg zur
Schule. Selina darf ihre neue Schultasche mitnehmen und
freut sich riesig.
Auf der Straße fahren viele Autos. Mama hält Selina an der
Hand. Sie gehen auf dem Zebrastreifen über die Straße.
Auf der anderen Seite bellt ein Hund in einem Garten.
„Zum Glück ist der Zaun hoch genug", sagt Selina und
schielt durch den Zaun zu dem Hund.
Nach dem Garten kommt eine Kirche. Und hinter der
Kirche sieht Selina schon das Schulhaus.
„Da ist die Schule!", ruft Selina.
„Hast du gesehen, der Weg ist nicht schwierig", sagt Mama.
„Du musst nur immer auf dem Zebrastreifen über die
Straße gehen. Aber erst, wenn die Autos wirklich anhalten."
Selina nickt. „Das weiß ich schon."

Endlich ist es soweit! Heute darf Selina in die Schule. Sie
bekommt ihre Zuckertüte und staunt.
„Die ist aber groß!"
Mama lächelt. „Jetzt bist du ja auch ein großes Schulkind
und kein Kindergartenkind mehr."
Zusammen mit Mama und Papa geht Selina zur Schule.
Dort sind auch schon andere Kinder mit Schultaschen und
Zuckertüten.

Im Festsaal der Schule findet eine kleine Feier statt. Wie im
Kindergarten singen, spielen und tanzen Kinder für die
neuen Schulkinder.
Selina sitzt zwischen Mama und Papa. Sie ist ganz stolz,
dass sie jetzt in die Schule geht. Nach der Feier nimmt die
Lehrerin die Kinder mit ins Klassenzimmer.
Selina setzt sich mit Marion an einen Tisch.
Die Kinder sind neugierig, was in ihren
Zuckertüten alles drin ist.
Ein Junge öffnet seine Tüte und holt
ein Auto heraus. Mit dem Auto fährt er
auf dem Tisch herum und macht:
„Brumm, brumm, brumm!"
„Sei doch mal still", sagt Selina.
Sie möchte jetzt kein Autogebrumm
hören. Dazu geht sie nicht in die Schule.
Genau wie die anderen Kinder
ist sie sehr gespannt,
was sie hier
alles lernen.

Dick und dünn

Seit vielen, vielen Jahren macht sich der Mond jeden Abend
auf den Weg, damit es auf der Erde bei Nacht nicht ganz
dunkel wird.

Weil der Mond schon alt und der Weg sehr lang ist, wird
der Mond manchmal müde. Und wenn er müde ist, hat er
keinen Appetit.

Selbst seine Lieblingsgerichte schmecken ihm dann nicht.
Deshalb wird er von Tag zu Tag dünner, bis er schließlich
so dünn ist, dass man ihn von der Erde kaum noch sehen
kann. Irgendwann hat der dünne schwache Mond nicht
mehr die Kraft für den langen Weg. Er legt sich ins Bett
und ruht sich aus.

Nach ein paar Tagen geht es ihm wieder besser. Er hat
einen Bärenhunger und isst alles, was seine Frau ihm vor-
setzt. Langsam wird er wieder dicker und ist stark genug,
um sich auf seinen langen Weg zu machen. Er freut sich auf
die Sterne, plaudert mit diesem und jenem und fühlt sich
wohl.

Seine Frau kocht ihm die besten Leckerbissen, und bald ist
er rund und dick. Nur ist der lange Weg mit so einem
dicken Bauch natürlich sehr beschwerlich. Und so ist es
kein Wunder, dass der Mond langsam wieder müde wird.

Wichtige Fragen

Professor Eisler war ein sehr kluger Mann. Manche sagen sogar, er sei weise gewesen. Nicht nur in unserem Land, auch in vielen anderen Ländern genoss er hohes Ansehen. Deswegen wurde er zu vielen Konferenzen, Tagungen, Diskussionen und Talkshows eingeladen. Anfangs nahm er auch viele Einladungen an und reiste von Konferenz zu Konferenz, von Tagung zu Tagung, von Talkshow zu Talkshow. Aber später lehnte er alle Einladungen ab.

„Das ist für mich verlorene Zeit", erklärte er einmal einem guten Freund. „Bei den meisten Konferenzen wollen sich die Leute nur wichtig machen. Höchst selten wird über die wirklich wichtigen Fragen geredet. Da kann ich meine Zeit sinnvoller verbringen."

Sinnvoller hieß für Professor Eisler, mehr mit Kindern als mit Erwachsenen zu reden – vor allem aber, ihnen zuzuhören. Die Kinder halfen ihm, über die wirklich wichtigen Fragen des Lebens nachzudenken:

Woher kommt die Welt? Was ist Glück? Wozu bin ich da? Wie findet man einen Freund? Wo wohnt Gott? Warum regnet es? Solche und ähnliche Fragen beschäftigten die Kinder und Professor Eisler.

Einmal wollte er den Kindern erklären, wie aus Wasserdampf Wolken und aus Wolken Regentropfen werden. Ein Mädchen unterbrach ihn und sagte: „Warum machst du es denn so kompliziert? Das ist doch ganz einfach. Es regnet, weil die Pflanzen Wasser brauchen."

Professor Eisler sah das Mädchen erstaunt an. Dann nickte

er und murmelte: „Du hast Recht. So habe ich das noch nie gesehen, aber du hast wirklich Recht."

Auch auf die Frage, was Glück sei, gaben die Kinder überraschende Antworten.

„Für mich ist Glück, wenn meine Katze Junge kriegt", sagte ein Mädchen.

„Wenn ich mit dem Fahrrad stürze, und niemand sieht's, das ist Glück", meinte ein Junge.

„Glück ist, eine nette Lehrerin zu haben", sagte ein anderer.

„Und ich bin glücklich, wenn meine Eltern so lange mit mir spielen, wie ich will", murmelte ein Mädchen.

„Ich hab vorhin großes Glück gehabt", erzählte ein Junge. „Ich bin gestolpert und genau neben einer Pfütze gelandet."

„Für mich ist Glück auch, hier mit euch zu sitzen und nachzudenken", sagte Professor Eisler. „Aber jetzt muss ich leider gehen, es ist höchste Zeit für mich."

„Warum gibt es eigentlich die Zeit?", fragte ein Junge.

„Damit man weiß, wie spät es ist", antwortete ein anderer.

„Und warum muss man das wissen?"

„Um nicht zu spät zum Abendbrot zu kommen", meinte ein Mädchen.

Und weil sie alle hungrig waren, gingen sie nach Hause.

Geisterstunde

Es war einmal ein kleines Gespenst, das wollte nicht immer nur in dem alten Schloss herumspuken. Das sagte es auch seinem Vater.

„Was fällt denn dir für dummes Zeug ein?", fragte er. „Ich spuke seit 173 Jahren in diesem Schloss. Vor mir hat mein Vater 218 Jahre hier gespukt. Und vor ihm sein Vater 199 Jahre. Also wird dieses Schloss wohl auch für dich gut genug sein!"

Das kleine Gespenst schwieg. Aber schon in der nächsten Nacht stahl es sich zur Geisterstunde heimlich davon.

Es schwebte über das Dorf und landete auf einem alten Bauernhof.

Zuerst flog es in den Pferdestall. Als es die großen Pferde sah, traute es sich nicht zu spuken.

Im Kuhstall schlugen die Kühe mit ihren Schwänzen nach dem kleinen Gespenst, dass es schnell flüchtete.

Im Ziegenstall blieb es auch nicht, weil die Ziegen immer meckerten.

Vom Ziegenstall flog das kleine Gespenst zum Hühnerstall. Die Hühner flatterten und gackerten so wild durcheinander, dass dem kleinen Gespenst angst und bange wurde.

Zuletzt kam es zum Schweinestall. Da roch es zwar nicht besonders gut, aber die rosigen Schweine mit den großen Ohren gefielen dem kleinen Gespenst. Mit seiner Geisterhand öffnete es das Tor und ritt auf dem schönsten Schwein in die Nacht hinaus. Das war zehnmal schöner, als in dem alten Schloss herumzuspuken.

Brummel ist immer da

„Ihr seid alle ganz blöd und gemein!", schreit Elena. Sie läuft aus dem Wohnzimmer, stürmt die Treppe hinauf, schließt die Tür ihres Zimmers ab und wirft sich aufs Bett. Ohne den Kopf zu heben, tastet sie nach ihrem Kuschelbär, kann ihn aber nicht finden.

„Brummel!" Jetzt hebt sie den Kopf, doch Brummel ist nirgendwo zu sehen.

„Brummel, wo bist du denn?" Elena beugt sich über den Bettrand und entdeckt Brummel auf dem Boden. Schnell hebt sie ihn auf.

„Armer Brummel", nuschelt sie in sein weiches Fell. „Wer hat dich denn auf den Boden geworfen? Das war bestimmt Mama. Oder Lissy, als sie in meinem Zimmer herumgeschnüffelt hat. Die sind alle ganz blöd und gemein. Immer schnüffelt Lissy in meinem Zimmer herum. Immer bekommt sie das größte Stück Kuchen, nie ich. Immer schimpft Mama mich, nie Lissy. Und dich mögen sie auch nicht. Aber ich mag dich mehr als Mama und Lissy. Die will ich nie mehr sehen." Elena drückt Brummel ganz fest. „Ich mache nicht auf, wenn sie kommen. Nie mehr mache ich auf. Ich will sie nicht mehr sehen. Nie mehr. Hier bleiben wir drin, nur wir beide, ganz allein."

Brummels Bauch ist inzwischen tränennass. Aber das macht ihm nichts aus. Brummel hat Elenas Tränen schon oft getrocknet.

Abschied tut weh

Familie Burgsmüller hat zwei schöne Urlaubswochen am Gardasee verbracht. Und alle vier Burgsmüllers sind sich einig: Diese zwei Wochen gingen viel zu schnell vorbei. Doch alles Jammern hilft nichts, heute ist der letzte Tag.

„Also", sagt Mama, „dann verabschiedet euch mal von eurer Freundin."

„Tamara ist nicht meine Freundin", brummt Sophie.

Ihr Bruder Jakob sagt gar nichts. Er will sich nicht von Tamara verabschieden. Er will noch eine Woche hier bleiben, genau wie Tamara.

Papa schüttelt den Kopf. „Du weißt, dass das nicht geht. Wir haben die Wohnung nur bis heute gebucht."

Jakob zieht eine Schnute und schmollt.

„Drei Wochen Urlaub können wir uns leider nicht leisten", sagt Papa, schnappt den großen Koffer und die schwere Tasche und schleppt beide zum Auto.

Mama geht durch die Zimmer und schaut noch mal nach, ob nicht noch irgendwo etwas steht oder liegt.

„Was ist denn los?", fragt sie ihre Kinder. „Fällt euch der Abschied diesmal so schwer?" Sie streicht Sophie über den Kopf und will Jakob an sich drücken. Aber der macht sich los.

„Du kannst Tamara doch schreiben und mit ihr telefonieren", versucht Mama ihn zu trösten. „Vielleicht besuchen wir Toblers auch mal – oder sie uns."

„Vielleicht, vielleicht", murmelt Jakob. „Das sagst du doch nur so."

Bevor Mama etwas erwidern kann, kommt Papa zurück und fragt: „He, wo steckt ihr denn? Soll ich das ganze Gepäck etwa allein zum Auto tragen?"

Wortlos schnappt Jakob seine Tasche und geht an Papa vorbei aus dem Zimmer.

Mama schaut Papa achselzuckend an.

„Ich würde ja auch gern noch eine Woche hier bleiben", sagt er jetzt versöhnlicher. „Aber das geht nun mal nicht."

„Abschied nehmen tut immer ein bisschen weh", sagt Mama. „Und für Jakob ist es diesmal anscheinend besonders schwer."

„Weil er in Tamara verliebt ist!", ruft Sophie. „Die haben sich sogar geküsst. Ich hab's genau gesehen."

„Na und?", fragt Mama. „Küssen ist doch etwas Schönes." Sie nimmt ihren Mann in die Arme und gibt ihm einen schmatzenden Kuss.

Sophie verzieht das Gesicht. „Küssen ist eklig."

Papa schmunzelt. „In ein paar Jahren bist du da ganz anderer Meinung."

„Nie", entgegnet Sophie und schüttelt heftig den Kopf.

Während Mama, Papa und Sophie sich über die Liebe und das Küssen unterhalten, geht Jakob über den Parkplatz zum Auto und stellt die Tasche ab. Da macht es hinter ihm „Psssst!" Jakob schaut sich um.

„Hier bin ich."

Jakob entdeckt Tamara neben einem Campingbus und geht langsam auf sie zu.

„Hallo!", begrüßt sie ihn.

„Hallo!", antwortet er.

Sie sehen sich an und wissen nicht, was sie sagen sollen.
Tamara greift in ihre Hosentasche, holt ein kleines
Päckchen heraus und gibt es Jakob. „Du darfst es aber erst
aufmachen, wenn ihr losgefahren seid."
„Danke", sagt Jakob – und schämt sich gleichzeitig, weil er
kein Geschenk für Tamara hat. Sein Herz klopft, sein Kopf
glüht. Er hat das Gefühl, gleich zu schmelzen.
„Warte", sagt er plötzlich und läuft zum Auto. Dort kramt
er in seiner Tasche herum und kommt mit einem Tennis-
ball in der Hand wieder zurück.

„Hier, den schenke ich dir", sagt Jakob leise. „Das ist mein Glücksball. Mit dem hat Boris Becker schon gespielt."

„Danke." Tamara lächelt. „Dem male ich ein Gesicht, dass er aussieht wie du."

„Ich …"

„Jakob!", ruft Papa in diesem Augenblick über den Parkplatz. „Wo steckst du denn?"

„Ich schreibe dir gleich, wenn wir zu Hause sind", flüstert Jakob.

„Ich dir auch."

Beide zögern kurz, geben sich die Hand – und einen schnellen Abschiedskuss.

Dann dreht Jakob sich um, läuft zum Auto und setzt sich sofort hinein.

Während Papa den Motor startet und langsam losfährt, hält Jakob das kleine Päckchen ganz fest in beiden Händen und schließt die Augen.

Krisensitzung

Heute kommt Papa von einer langen Geschäftsreise zurück.
Zwei Wochen war er weg und Daniel kann es kaum
erwarten, ihn endlich wieder zu sehen.
Papa bringt Daniel ein Trikot seines Lieblingsvereins
Bayern München mit.
„Super, Papa!", ruft Daniel begeistert und springt ihm in
die Arme. „Wir haben am Samstag gegen Augsburg gespielt
und 3 : 1 gewonnen. Und ich habe ein Tor geschossen!"
„Toll!", lobt ihn Papa.
Daniel erzählt von den vergangenen zwei Wochen. Anfangs
hört Papa noch zu, doch bald wird er unruhig.
„Du, Daniel", sagt er schließlich, „ich muss jetzt mal ins
Büro und nachsehen, was für Post gekommen ist."
„Das kannst du doch morgen machen", meint Daniel.
„Was glaubst du, was sich auf meinem Schreibtisch alles
angesammelt hat", entgegnet Papa.
„Aber ich möchte ..."
„Heute Abend bringe ich dich ins Bett, dann erzählst du
mir, was du noch alles erlebt hast", redet Papa dazwischen,
steht auf und geht hinaus.
Daniel nimmt das Bayern-Trikot und feuert es in die Ecke.
Er hat sich so gefreut, dass Papa endlich wieder da ist. Und
jetzt?

Am Abend kann Papa Daniel leider nicht ins Bett bringen,
weil er überraschend noch zu einer wichtigen Besprechung
muss. Und Mama hat angerufen, dass sie etwas später

kommt, weil im Rathaus eine Krisensitzung stattfindet.

Daniel liegt auf seinem Bett und heult. Dass Papa nicht einmal heute für ihn Zeit hat, macht Daniel traurig und wütend zugleich. Er wischt die Tränen weg, steht auf, zieht eine Jacke über und geht aus dem Haus.

Drei Häuser weiter läutet er. Es dauert eine Weile, bis Schritte zu hören sind und die Tür geöffnet wird.

„Ach, du bist es", sagt der Hallmeyer Josef und lässt ihn hinein. Daniel geht in die kleine Wohnstube und setzt sich auf das alte, gemütliche Sofa.

Der Hallmeyer Josef setzt sich zu ihm, legt den Arm um ihn und drückt ihn sanft an sich.

Eine schöne Weile sitzen die beiden einfach so beieinander.

Bis Daniel den Kopf hebt und zum Hallmeyer Josef hochschaut.

„Erzählst du mir etwas?"

„Was möchtest du denn hören?"

„Das weißt du doch", antwortet Daniel.

Der Hallmeyer Josef lächelt und fängt an zu erzählen: „Als ich ein Junge war wie du …"

Igel und Hase

Ein Igel sucht jemanden zum Spielen.

„Geh weg, du stacheliger Kerl!", rufen die anderen Tiere.

Der Hase schlägt ein paar Haken und ist verschwunden.

Die Maus huscht in ein Mauseloch.

Das Eichhörnchen klettert auf einen Baum.

Und die Schnecke verkriecht sich in ihrem Haus.

Der Igel sitzt allein unter einer Hecke und ist traurig.

„Keiner spielt mit mir", murmelt er. „Alle haben Angst, ich könnte sie mit meinen Stacheln pieksen. Warum habe ich auch so dumme Stacheln?"

Er reibt sich heftig an einem Baumstamm, aber die Stacheln bleiben dran.

„Hm", macht er. „Dann muss ich es eben mit einem Trick versuchen." Er überlegt hin und her, aber ihm fällt einfach kein guter Trick ein. Ziemlich enttäuscht trottet er nach Hause. Dort setzt er sich in seinen Schaukelstuhl, und denkt weiter nach. Dabei sieht er die alte Kiste, in der er alles aufbewahrt, was er eigentlich gar nicht mehr braucht. Der Igel öffnet die Kiste, wühlt in den alten Sachen herum – und findet ein Hasenkostüm. „Das ist es!", ruft er, zieht es an, stellt sich vor den Spiegel und erkennt sich kaum noch. „Prima!", sagt er. „So muss es klappen!"

Als Hase verkleidet läuft er durch den Wald. Bald trifft er einen Hasen und beide spielen miteinander. Verstecken, Fangen und Purzelbäume schlagen. Doch dabei verliert der Igel seine Verkleidung.

„He, du bist ja auch ein Igel!", ruft der andere überrascht und wirft schnell sein Hasenfell ab.

Und ohne ihre Verkleidung können die beiden noch viel besser miteinander spielen.

Nur einen Wunsch

Lotti war ein nettes und liebes Mädchen. Aber sie hatte eine böse Mutter. Mit der lebte sie in einer kleinen Hütte am Waldrand. Lotti musste von morgens bis abends schwer arbeiten: Holz sammeln und klein hacken, Kleider waschen und flicken, kochen, backen, sauber machen und noch vieles mehr. Die Mutter kommandierte sie den ganzen Tag nur herum.

Eines Morgens schickte die Mutter Lotti wieder einmal fort, um Holz zu sammeln. Weil Lotti am Waldrand schon alles aufgesammelt hatte, musste sie tiefer in den Wald hinein.

Da hörte sie plötzlich eine Stimme: „Du bist ein gutes Mädchen und hast immer schwer gearbeitet. Dafür sollst du jetzt belohnt werden."

Im gleichen Augenblick wurde es hell in dem dunklen Wald, so hell, als ginge die Sonne auf. Aber es war nicht die Sonne, es war ein leuchtender Schimmel, der den Wald erhellte.

Lotti hielt eine Hand vor die Augen, weil das Licht sie blendete. Der Schimmel kam auf Lotti zugetrabt und blieb vor ihr stehen.

„Steig auf", sagte er. „Ich bringe dich in den Palast der Liebe. Dort erwartet dich der Prinz des Glücks."

Lotti kletterte auf einen umgestürzten Baum und von dort auf den Rücken des Schimmels.

„Du musst dich an meiner Mähne festhalten", sagte er und trabte los.

Es dauerte nicht lange, bis sie den Palast der Liebe erreichten. Dort wartete schon der Prinz des Glücks auf Lotti.
„Du hast es bisher im Leben sehr schwer gehabt", sagte er.
„Deshalb darfst du dir jetzt etwas wünschen."
Lotti überlegte nicht lange und sagte: „Ich habe nur einen Wunsch, eine liebe Mutter."
Der Prinz des Glücks nickte, sprach einen Zauberspruch und ließ drei goldene Strahlen auf Lottis Mutter scheinen.
Als Lotti wieder nach Hause kam, nahm ihre Mutter sie in die Arme und drückte sie ganz fest an sich.

Die Zauberpfeife

Heute kocht Papa. Und weil ihm dazu Bohnen fehlen, schickt er Marvin in den Keller. Doch der will nicht in den Keller. Zuerst denkt Papa, Marvin sei einfach zu faul. Aber das stimmt nicht. Und Papa merkt, dass Marvin Angst hat. Er wischt sich die Hände ab und nimmt seinen Sohn auf den Arm.

„Vor dem Keller habe ich als Junge auch immer Angst gehabt", flüstert er Marvin ins Ohr.

„Wirklich?"

Papa nickt. „Wirklich."

„Aber jetzt hast du keine Angst mehr", meint Marvin.

„Vor dem Keller nicht, das stimmt." Papa trägt Marvin ins Schlafzimmer. Dort holt er aus seinem Nachtschränkchen eine alte Trillerpfeife. „Und diese Pfeife hat mir geholfen. Die vertreibt nämlich alle bösen Hexen und Geister."

„Wirklich?", fragt Marvin wieder.

„Wenn ich es dir sage." Papa gibt Marvin die Pfeife. „Ich schenk sie dir. Du brauchst sie jetzt nötiger als ich."

Marvin schaut die Trillerpfeife an.

„Am besten, du probierst sie gleich aus", schlägt Papa vor.

„Aber wenn ..."

„Ich komme mit dir", sagt Papa.

Zusammen gehen sie in den Keller. Marvin bläst kräftig in die Pfeife. Und tatsächlich, nirgendwo hocken Hexen und Geister.

„Siehst du, es klappt", sagt Papa. „Genau wie früher bei mir."

Er nimmt die Bohnen, dann gehen sie wieder nach oben. Marvin ist noch nicht ganz sicher. Vielleicht sind die Hexen und Geister nicht wegen der Pfeife verschwunden, sondern weil sie vor Papa Angst haben. Das möchte er genau wissen. Also muss er noch einmal in den Keller. Mit der Pfeife, aber ohne Papa.

Gleich nach dem Essen wagt Marvin es. Vorsichtig öffnet er die Tür und bläst aus vollen Backen in die Trillerpfeife. Nichts rührt sich. Da steigt Marvin Stufe für Stufe hinab. Sein Herz klopft wie wild. Auf halbem Weg bleibt er stehen und pfeift wieder, dass es in den Ohren schrillt. Keine Hexe huscht herum und kein Geist. Pfeifend geht Marvin die letzten Stufen hinunter. Vor der Kellertür dreht er wieder um. Und zurück geht er ganz ohne zu pfeifen. Wovor Papa als Junge überhaupt Angst hatte. Die Kinder früher müssen ja richtige Angsthasen gewesen sein.

Etwas erleben

Alexanders Füller und sein Deutschheft wollten nicht immer nur in der dunklen Schultasche stecken oder auf dem Tisch liegen, sie wollten endlich auch mal etwas erleben.

An einem schönen Nachmittag warteten sie, bis Alexander aus dem Zimmer ging und die Tür offen ließ. Kaum war er draußen, hüpften sie vom Tisch, liefen aus dem Zimmer, die Treppe hinunter und aus dem Haus. Was sie da sahen, warf sie beinahe um: vorbeisausende Autos, große Häuser, hohe Bäume, von denen manche in den Himmel zu wachsen schienen. Und Menschen, viele Menschen, die dem Füller und dem Deutschheft mit ihren Schuhen gefährlich nahe kamen.

Während die beiden Ausreißer durch die Stadt gingen, sollte Alexander zu Hause einen Aufsatz schreiben, konnte aber sein Heft und seinen Füller nicht mehr finden. Das war ihm gerade recht, denn so hatte er mehr Zeit zum Spielen und eine gute Ausrede noch dazu.

Als die Ausreißer wieder nach Hause kamen, schrieb der Füller alles ins Deutschheft, was sie erlebt hatten. Und das war eine ganze Menge.

Abends wollte Alexanders Mutter den Aufsatz sehen.

„Ich … ich weiß nicht, wo mein Heft ist", stotterte er. „Ich finde es nicht mehr. Und mein Füller ist auch verschwunden."

„Dann will ich dir mal suchen helfen", sagte die Mutter und fand das Heft auf dem Schreibtisch.

„Das gibt's doch gar nicht", murmelte Alexander.

Seine Mutter schlug das Heft auf, las den Aufsatz und nickte zufrieden. „Sehr gut", lobte sie ihren Sohn. „Das ist der beste Aufsatz, den du je geschrieben hast. Dafür bekommst du eine Belohnung."

Alexander starrte seine Mutter an.

„Was ist denn mit dir?", fragte sie.

„Da … da … darf ich den Aufsatz mal lesen", stammelte er.

Jetzt guckte Alexanders Mutter mit großen Augen und wusste nicht, was sie davon halten sollte.

Eine dumme Göre

Melinda ist bei ihrer Freundin Simone. Weil es draußen regnet und Simones große Schwester Rebecca im Kinderzimmer Schularbeiten macht, spielen sie im Wohnzimmer. Nach einer Stunde kommt Rebecca herein und schaltet den Fernseher ein.

„Was kommt?", fragt Simone.

„Nichts für euch!"

„Wenn du guckst, guck ich auch!" Simone setzt sich aufs Sofa.

„Komm her", sagt sie zu Melinda.

„Nichts da, ich will meine Ruhe haben!", ruft Rebecca.

„Ich geh sowieso", sagt Melinda. „Ich muss um fünf zum Zahnarzt."

„Hast du Zahnweh?", fragt Simone.

Melinda schüttelt den Kopf.

„Warum gehst du dann zum Zahnarzt?", möchte Rebecca wissen.

„Weil … weil …"

„Ich würde nie im Leben freiwillig zum Zahnarzt gehen", sagt Rebecca. „Der bohrt dir Löcher in die Zähne oder reißt sie gleich ganz raus. Nur damit er viel Geld verdient."

„Ich war schon ein paar Mal beim Zahnarzt und er hat mir noch nie einen Zahn ausgerissen", entgegnet Melinda.

„Am Anfang ist er immer nett, damit man wieder zu ihm kommt", behauptet Rebecca. „Ist doch klar. Aber dann bohrt und zieht er nur noch. Und das tut teuflisch weh."

Melinda will sich das nicht länger anhören und geht.

Auf dem Heimweg befühlt sie ihre Zähne mit der Zunge. Zu Hause fragt sie gleich: „Warum muss ich eigentlich zum Zahnarzt? Mir tut doch gar nichts weh."

„Der Zahnarzt muss nachsehen, ob deine Zähne in Ordnung sind oder ob in den letzten Monaten vielleicht kleine Löcher entstanden sind", antwortet Mama.

„Ich will aber nicht, dass er bohrt und mir Zähne ausreißt", sagt Melinda mit weinerlicher Stimme.

„Er reißt dir doch keine Zähne aus", versucht Mama sie zu beruhigen.

„Aber er bohrt bestimmt."

Mama schaut Melinda verwundert an. „Was ist denn los mit dir? Du warst doch schon öfter beim Zahnarzt und weißt, wie es dort ist."

„Aber Rebecca hat gesagt, der Zahnarzt ist nur am Anfang nett. Dann bohrt er und reißt einem die Zähne aus."

„Ach so, jetzt verstehe ich", sagt Mama. „Die große Rebecca hat sich mal wieder aufgespielt und der kleinen Melinda Angst gemacht." Mama nimmt Melinda auf den Schoß. „Rebecca ist eine ganz dumme Göre. Was die sagt, darfst du nicht glauben."

Melinda schnieft. „Ich möchte aber nicht zum Zahnarzt."

„Ich bin doch bei dir, und ich verspreche dir, dass dir nichts Schlimmes passieren wird." Mama drückt Melinda an sich. „Du kennst Dr. Pfitzer doch und weißt, dass er sehr nett ist."

Alles Reden hat keinen Zweck. Melinda sträubt sich weiter. Und zwingen will Mama sie nicht. Aber einfach nicht mehr zum Zahnarzt zu gehen, ist natürlich auch keine Lösung.

Ein Tausendsassa

Flori ist ein Tausendsassa. So nennt ihn jedenfalls seine
Mama oft. Wenn er sie fragt, was denn ein Tausendsassa
sei, antwortet sie schmunzelnd: „Ein Junge wie du."
Flori ist ein netter Junge und hat sehr geschickte Hände. Er
arbeitet oft in Papas Werkstatt, hilft auch im Haus und im
Garten, aber am liebsten ist er auf dem Bauernhof am
Rande des Dorfes. Dort darf er sogar schon mit dem
Traktor fahren. Das ist für Flori das Größte. Deshalb will
er später unbedingt Landwirt werden.

Ein achtjähriger Junge kann natürlich nicht andauernd nur Traktor fahren, er muss auch in die Schule. Das ist für Flori ein Problem. Nicht weil er dumm ist, Flori kann nur nicht stundenlang still sitzen und zuhören. Wenn die Lehrerin etwas erklärt, gehen Floris Gedanken öfter spazieren. Meistens wandern sie zum Bauernhof. So ist es kein Wunder, dass Floris Noten nicht besonders gut sind. Deswegen gibt es zu Hause auch manchmal Ärger. Vor allem Papa meckert oft an Flori herum. Und heute muss Flori seinen Eltern eine Mathearbeit zeigen, unter der eine Fünf steht!

Vielleicht zeige ich sie auch erst morgen, denkt er auf dem Heimweg.

Als Papa beim Mittagessen fragt, wie es in der Schule gewesen sei, antwortet Flori mit einer Gegenfrage: „Habt ihr mich auch noch lieb, wenn ich mal eine Sechs schreibe?"

„Hast du etwa eine Sechs geschrieben?", fragt Papa sofort.

Flori schüttelt heftig den Kopf.

„Das möchte ich auch nicht hoffen", sagt Papa und isst weiter von seiner Suppe.

Flori schmeckt die Suppe nicht.

Mama schaut ihn an und sagt: „Wir würden uns über eine Sechs natürlich nicht freuen, aber wir haben dich gleich lieb, ob du eine Sechs oder eine Eins schreibst. Das ist vollkommen egal."

„Und bei einer Fünf?", fragt Flori leise.

„Du bist unser kleiner Tausendsassa, egal was du für Noten schreibst", beruhigt ihn Mama.

Da steht Flori auf, holt sein Matheheft und legt es wortlos auf den Tisch.

Papa durchblättert es, sucht die letzte Arbeit und murmelt: „So was hab ich mir fast schon gedacht." Er gibt Mama das Heft.

„Das ist natürlich nicht so gut", sagt sie und streicht Flori über den Kopf. „Ich glaube, wir müssen in nächster Zeit mit dir Mathe üben. Ein Landwirt muss nämlich nicht nur Traktor fahren, er muss auch rechnen können, das darfst du nicht vergessen."

„Genau", stimmt Papa ihr zu. „Du wirst dich also mehr auf deinen Hosenboden setzen und nicht immer tausend andere Sachen machen. Für die nächste Arbeit musst du einfach mehr lernen. Mama und ich helfen dir dabei."

Flori nickt. Er ist froh, dass er die Arbeit gleich heute gezeigt und nicht bis morgen gewartet hat. Jetzt schmeckt ihm sogar die Suppe wieder.

Gute Nacht

Oma hört ziemlich schlecht. Manchmal finden Jan und Julia das ganz schön nervig. Vor allem, wenn sie etwas fünfmal sagen müssen, bis Oma es endlich versteht.

Doch manchmal kann ihr schlechtes Gehör auch von Vorteil sein.

Zum Beispiel wenn Mama und Papa abends ausgehen. Dann kommt Oma zu Jan und Julia, damit sie nicht allein sind. Das finden die beiden prima. Denn Oma meckert nicht immer über das Fernsehen wie Mama und Papa. Im Gegenteil, Oma sieht selbst gern fern. Deswegen dürfen Jan und Julia mit ihr auch noch eine halbe Stunde Abendprogramm sehen. Allerdings keinen Krimi, denn Krimis mag Oma nicht. Am liebsten schaut sie Tiersendungen und alte Liebesfilme an.

Aber egal, was im Fernsehen läuft, spätestens nach einer halben Stunde fallen Omas Augen zu. Dann stellt Jan schnell den Ton leiser, dass Oma bestimmt nichts mehr hört und nicht aufgeweckt wird.

Wenn sie ganz ruhig sind und Glück haben, schläft Oma richtig ein. Dann können sie so lange fernsehen, bis sie selber auch einschlafen.

Na denn, gute Nacht!

Manfred Mai wurde 1949 in Winterlingen auf der Schwäbischen Alb geboren. Dort hat er zunächst als Maler und Werkzeugschleifer gearbeitet. Später ist er Lehrer geworden und heute ist er ein sehr erfolgreicher Kinderbuchautor. Er lebt mit seiner Frau und zwei Töchtern in seinem Geburtsort und manchmal schreibt er auch so, wie man dort spricht, nämlich schwäbisch. Bei Ravensburger sind von ihm unter anderem auch die „111 Minutengeschichten", die „44 Zweiminutengeschichten" und die „33 Dreiminutengeschichten" erschienen.

Gabie Hilgert wurde an einem Sonntag zur Kaffee- und Kuchenzeit geboren. Das war 1966. Seit 1989 studiert sie in Hamburg an der Fachhochschule für Gestaltung Grafik-Design mit dem Schwerpunkt Illustration. Die Bilder zu diesem Buch sind im „Atelier 9" entstanden, wo sie mit sieben anderen Illustratoren sitzt und den ganzen Tag malt. Für Ravensburger hat sie unter anderem auch die Erstlese-geschichten von „Miranda" illustriert.